EL LIBRO DE TRABAJO DE AUTOESTIMA

DA UN IMPULSO A TU VIDA AHORA MISMO A TRAVÉS
DEL DOMINIO DE LA CONFIANZA EN TI MISMO.
(AUTOAYUDA PARA HOMBRE S, MUJERES Y
ADOLESCENTES)

DAVID MCKAY

Este documento está orientado a brindar información exacta y confiable con respecto al tema y tema tratado. La publicación se vende con la idea de que el editor no está obligado a prestar servicios contables, autorizados oficialmente o de otro modo calificados. Si es necesario un consejo, legal o profesional, se debe solicitar a una persona con práctica en la profesión.

De una Declaración de Principios que fue aceptada y aprobada igualmente por un Comité de la Asociación de Abogados de Estados Unidos y un Comité de Editores y Asociaciones.

La información proporcionada en este documento se declara veraz y coherente, en el sentido de que cualquier responsabilidad, en términos de falta de atención o de otro tipo, por cualquier uso o abuso de las políticas, procesos o instrucciones contenidas en él, es responsabilidad exclusiva y absoluta del lector receptor. Bajo ninguna circunstancia se responsabilizará al editor por cualquier reparación, daño o pérdida monetaria debido a la información contenida en este documento, ya sea directa o indirectamente.

SOBRE ESTE LIBRO

A veces, la parte más eficiente de la productividad y la eficacia organizativa es no planificar en absoluto. Esto puede contar todo lo que proponga para la máxima productividad y el éxito, pero hay momentos en que la planificación se pone en práctica. Estamos hablando de una planificación excelente aquí. En esas situaciones, simplemente no es una buena posición de negocio y ciertamente no es una buena estrategia de gestión del tiempo.

Hay o puede haber algunas desventajas en la planificación de todo:

Planear toma tiempo - Si el planear toma más tiempo que el trabajo real, entonces posiblemente no sea una idea. Algunas acciones son tan cruciales que esto es simplemente perfecto.

Planear puede ser una excusa para la crítica - ¿Se está tomando el tiempo para planificar de modo que pueda tener que tomar medidas realmente? Espere a que la crucesión se disfrace de ser prudente. Asegúrese de que no está girando las ruedas en círculos.

La planificación puede ser diversa: asegúrese de que el nivel y el detalle de su planificación se relacionen con la satisfacción y la atención. No tome 5 horas de reuniones de equipo para programar una cita telefónica de 30 minutos, a menos que sea un regalo más grande. Obtenga la idea.

Si usted es un planificador de crónicas, puede ser excepcionalmente organizado y exitoso o simplemente puede estar gastando su tiempo. Planning is absolutely critical a living your most productive vida y organized, pero nada taken to extreme is at an worst addiction and an en best inefficient use de your time, energy and resources. La clave para el uso efectivo de planificar para maximizar sus recursos personales y personales, así como la productividad y la organización agrandada es mostrar los recursos en forma visual y visual mínimamente realistas Aprenda a ser una máquina de planificación esbelta.

CONTENIDO

INTRODUCCIÓN

Es tan fácil escuchar las voces en su oído en otras para ser derivado por sus deducciones analíticas. No se dejan sin atender. ¡Te guían a través de las aguas turbias de la ansiedad y la inseguridad y, en última instancia, te dejan sin absolutamente nada!

La gente a menudo se encuentra con cosas que no hacen nada y que crean situaciones en su cabeza que no existen. Ellos try and convencen about un cierto situation so Ellos won't cara taking responsibility of their acciones para fear of crítica or Ellos fabricación hipotética conversations and events para apoyar whatever pensamientos insidious and sentimientos Ellos may albergan in relaciones, el trabajo at, o con la familia .

Siempre debemos ser conscientes de nuestras ideas y acciones, pero una particularidad puede ser una influencia negativa para ellos al hablar de lo que puede ser obsesivo de manera obsesiva y obsesiva. Muy a menudo, el indivíduo no es realmente seguro de cómo resolver estos problemas en ellos, y puede recurrir a acciones de seguridad y debilidad que alimentan las inseguridades.

Es muy difícil capacitar a alguien para que no se consuma con pensamientos triviales que no tienen ningún propósito real. Primero deben comenzar aceptando quiénes son. Sé que suena muy bien, pero si no tienen un sentido real de identidad, se están volviendo inferiores en varias situaciones de la vida y amenazados como un indivisible. Recuerde, la forma en que se ve a la gente es una reflexión de cómo se ven a sí mismos. Si una persona tiene baja autoestima, otros la verán. Un poco de trabajo o una interrupción de un descanso pueden causar muchos de estos sentimientos.

En segundo lugar, reflexione y no tome ninguna nota de las visitas en la vida. En el momento uno puede sentir que no hay ninguno. ¡Pero hay! Así que deja de ser tan creativo. Uno debe ser recordado de todo el bien que han hecho, las experiencias que han mantenido y las amistades que han hecho. Es saludable mantener un equilibrio entre las imágenes que muestra una persona y la persona real que no conoce. Sentirse bien, a su vez, alimenta el alma, y los pensamientos y las acciones llenos de vida, y las acciones que los acompañan.

En tercer lugar, haga un recorrido y haga que suceda. "La mano ociosa agita las mentes ociosas". Una persona puede planificar la siguiente etapa en la vida una y otra vez, pero, de nuevo, sólo estaría enterada. Trazar pequeños pasos hacia la meta los hace alcanzables y cuando se logra, uno se siente bien con respecto a la vida y eso, a su vez, crea armonía y autoestima en la mente de la persona.

Este libro le hará ver una sensación de no quedarse en las cosas que no importan, sino también de lo que es importante. Este libro le ayudará a superar la procrastinación y el pensamiento excesivo a través de simples explicaciones, a fin de que pueda mejorar su productividad a través de los locos que se cruzan.

CAPÍTULO 1

DILACIÓN

La prolongación es el hábito de posponer o desear una acción o tarea para mucho más tarde. Esta palabra se originó de la palabra latina pro, que significa "adelante, adelante o en frente de" y cruces, que significa "de adelante".

La profecía es considerada por muchos como una actitud negativa, un hábito contraproducente. Sin embargo, la forma más cruda de ser positiva, ya que los antecedentes históricos subsiguientes son especiales, sólo es distintivo en el uso. El motivo de este personaje está en la forma negativa de la procrastinación. Al igual que el resto de los términos en lenguaje común que se han estudiado en el estudio científico, las definiciones de la procrastinación tienden a ser casi tan abundantes como este tema destaca. Al principio, tal variación en la definición puede parecer que complica la naturaleza de la crucifixión, pero de alguna manera también puede ser muy interesante para iluminar todo.

Los diferentes intentos por parte de muchos investigadores para mejorar la comprensión de su significado son más convincentes en lugar de contradictorio. Más aún, cualquier idea común solo descubre una sombra o un signo de simpatía. Es obvio que todas las definiciones y combinaciones de palabras cruzadas de la religión deben identificar que debe haber un apoyo, una decisión o una finalización de una tarea latina en el inicio de una tarea.

Basado en esto, un crítico es alguien que retrasa el inicio o la finalización de un curso de acción o tarea. Esta distinción es importante, ya que hay cientos de tareas que uno podría estar haciendo en cualquier momento, y se vuelve una carga pensar que uno las está haciendo todas.

La tradición hoy en día está bastante extendida. Todo el mundo parece estar infligido con él. Es como una enfermedad moderna que no conoce raza, por ejemplo, edad o riqueza. Algunos de nosotros pueden haber dejado tareas cada vez y luego, pero para algunos es una forma de vivir para ellos.

En una more recent study, un estimate shows that 80% -95% of college students procrastinate, aproximadamente el 75% consideren a sí mismos procrastinators y almost 50% describe themselves as chronic procrastinators.

La cantidad total de procrastinación entre los estudiantes es sustancial. Generalmente toma una tercera parte de sus actividades diarias, que a menudo se realizan a través de dormir, jugar o ver la televisión.

Entonces, ¿por qué tanta gente posterga las cosas? ¿Estamos de esta manera? Creo que la respuesta es un gran NO. Nos convertimos en crónicas condicionadas. Uno de los comentarios es que no miramos lo que se llama procrastinación. Aquellos que buscan detener la crucisión necesitan primero identificar las causas raíz. Con la precisión, la procrastinación surge porque la perfección no es posible de comenzar o terminar una tarea debido a que el resultado nunca será mejor. Hace sentido ¿verdad?

Por lo que respecta a la participación, la crucisión es el resultado de la incapacidad de abrocharse el cinturón y realmente se enfoca en una cosa a la vez. Es el "objeto brillante" la única razón de la relación. El racismo impulsivo puede tener demasiados acontecimientos sucediendo una vez, o crea otros nuevos en la mosca a todos, haciendo los grandes éxitos que no te recuerdan a nadie.

Entonces, ¿cómo podemos hacer "perfeccionismo" y "impetuosidad" por ejemplo en el término de la precristación?

Comencemos con perfeccionismo. ¿El perfeccionismo causa la crucisión? Ciertamente, lo hace para diferentes grados. Afecta a algunas personas más que a otras. Eso, por supuesto, conduce en gran medida al problema con esto, no todos son perfectos. Sin embargo, todo el mundo se opone a algunos grados oa otros. Esa sugerencia de perfeccionamiento no es la historia completa.

¿Qué tal si se trata de ser atrapado por la impunidad? Esto es solo como sea posible, pero creo que todavía no explica toda la relación. Considere la posibilidad de una relación cruzada que dure meses o años; esto no se puede explicar fácilmente por la impulsividad. Hay una verdadera decisión de estar involucrado en este tipo de relación. Paradójicamente, ¡tienes que trabajar duro en eso!

No, la impulsividad también es solo una parte de la historia de la procrastinación.

EL CORAZÓN DE LA PROCRASTINACIÓN

Cuanto más miro, más se vuelve más claro que la procrastinación es similar a la posibilidad: hay muchos tipos y experiencias de procrastinación, pero todos se ponen gruesos "entre uno y otro".

La razón de la crucisión probablemente no se correlacione en ningún truco particular, como el rigor o la impulsividad. Sería bueno poder incluir una causa específica, pero no es tan fácil.

No, la procrastinación no es "causada" por algo, per se - es parte de quiénes y de lo que somos. Es un rasgo propio de la humanidad.

Indudablemente, creo que el corazón de la procrastinación reside en nuestra propia evolución como especialidad; eso explicaría por qué la procrastinación afecta a todos.

Como ves, los seres humanos no fueron creados para la planificación a largo plazo. La convivencia de nuestras historias nómadas no mostró muchas intenciones de hacer planes mucho antes de unas pocas semanas a unos pocos meses en el futuro. Sus planes tienden a ser cortos o basados en algún tipo de amenaza, con gratificación inmediata o nula como recompensa.

Y si bien esto le da cierta credibilidad a la teoría de la "multiplicidad" detrás de la crítica, también está claro que el éxito es un ejecutante asombroso y asombroso. Simplemente no es nuestro fuerte traje como especie.

Mi punto es que buscar "causas" de la crucifixión no es el tiempo que gastamos. Hay una interminable cantidad de explicaciones para la procrastinación.

Creo que lo mejor es saber si sufres de una de las dos categorías específicas de crítica sobre un tema determinado.

CAPITULO 2

PROCRASTINACIÓN SIMPLE VS. PROCRASTINACIÓN CRÓNICA

Discutiré la diferencia entre los dos tipos de crónicas que se discuten en este capítulo: simple y crónica.

En primer lugar, la relación es el tipo de persona en la que simplemente está dispuesto a hacer algo porque es aburrido o incómodo o poco divertido. Puede ser explicado adecuadamente por el control de los impulsos o el perfeccionismo o la incapacidad de participar en la planificación a largo plazo, para el ejemplo.

La procrastinación puede ser siempre en una variedad de formas, algunas de las cuales describiré a continuación.

¿Qué pasa con la crónicas crónicas? tales como la fascinación al completar los impuestos para usted al final, o la incapacidad de construir una casa que realmente no implique desafíos durante todo el verano?

Este tipo de relación por lo general come todos los meses o años de tiempo, e incluso puede arruinar la vida. Es diferente, y una parte de las principales dificultades. Es difícil de superar, pero puede serlo.

Creo que el núcleo de la relación crónica es sentirse "trastornado" o algún tipo de pavor de bajo nivel. Este sentimiento se encuentra en el caso de que usted esté conscientemente consciente de ello o no, y en caso de que incluso tenga sentido para creer de esa manera.

CURANDO LA PROCRASTINACIÓN.

Entonces, ¿qué podemos hacer acerca de la crucesión, tanto simple como crónica?

Bueno, si mis palabras son correctas, parece que sólo podemos esperar comenzar con la procrastinación. Si la crucisión se produce de hecho debido a que es generosamente maltratada en nuestra especie, no hay ninguna "razón", excepto posiblemente unos pocos millones de la evolución. Puede que ni siquiera entonces.

Uno de los casos en los que se interviene en muchos casos es la técnica: programas de productividad, sistemas organizados como Getting Things Done (GTD) y otros "obstáculos". Esta es una buena solución, y muchos de estos síntomas son útiles. Si funciona para usted, funciona para usted. Por otro lado, sólo puede ayudar en gran medida con la relación a corto plazo. La procrastinación crónica es un gran problema para los problemas de productividad.

Otra opción es usar la motivación negativa (castigo). Este es el método brutal de superar la procrastinación, y funciona durante un tiempo. Un ejemplo de cómo utilizar la motivación negativa en su propia tarea sería promulgar un plan para enviar dinero a la persona que más le ha gustado que no haya cumplido con su cometido. Aunque es imposible y tiene fronteras en sí mismo, pero puede ser efectivo.

¿QUÉ PASA CON LA MOTIVACIÓN POSITIVA?

En primer lugar, si ya estuvieras motivado de manera moderada, entonces la crítica no sería un problema. Entonces, ¿hay una manera de "abundancia" la motivación posicional, así que hablar? ¿Es posible volverse motivado para hacer algo, incluso si no empiezas o simplemente de esa manera?

Creo que la hay. Una vez que ha comenzado una tarea, es mejor mantener el impulso, por ejemplo. De hecho, en realidad comienza a sentirse bien al continuar trabajando a través de una tarea o un trato, incluso si no es un asunto que usted tiene en particular, en especial, si es agradable o siempre. La gente está conectada de una manera que lo hace más importante para continuar trabajando en un momento dado una vez que se inicia. Por supuesto, "comenzar" una tarea o un problema puede ser en sí mismo un problema, por lo que creo que vale la pena cubrir más en el futuro.

Estos puntos, cuando se ponen en práctica eficazmente, son útiles para superar la simple dilación. La crítica crónica es claramente una nuez más difícil de romper debido a lo omnipresente y resumida que es.

CÓMO HACER PROGRESOS EN LA PROCRASTINACIÓN

Tanto la crucisión simple como la procrastinación crónica pueden ser "tratadas", tal como lo fueron, mediante la participación en el control y reconocimiento.

Si te sientes más en sintonía y puedes llegar a las cosas que te llevan a ser más crujiente, las cosas que tal vez no puedas ni siquiera ser consciente de ello todavía te sorprenderán. En el mejor de los casos, podría superar los desafíos que una vez encontró insospechables. Hay varias formas de entrenar la capacidad de atención.

CAPÍTULO 3

ALGUNAS RAZONES PARA LA PROCRASTINACIÓN

Otra fuente común pero omnipresente de estrés en la sociedad moderna es la relación, o la participación de la mayoría de las tareas.

La prolongación se considera un factor estresante porque a menudo provoca retrasos y es posible que se rompa en el último momento. La afirmación ciertamente conduce a situaciones incluso más estridentes.

La procrastinación puede tomar varias formas: el 99% del tiempo, las personas se arrepienten después de haber postergado las cosas porque tienen menos tiempo para hacer lo que quisieron.

Una persona puede sentirse satisfecha y feliz mientras está disponible, pero es una historia completamente diferente cuando las emociones comienzan a cerrar y lo fascinante que es fascinante.

Para terminar con la procrastinación, debe estar seguro de que se deriva principalmente del hábito. Si usted está propenso a cruzarse y no hay nada genético o intrínsecamente malo con usted. Los hábitos, como la descripción, se logran y se pueden deshacer con un poco de lugar. Para terminar con la procrastinación, primero debe comprender qué está causando la procrastinación en su caso. Las siguientes son las causas generales de la relación y entenderlas le ayudará mucho a poner fin a esta relación.

1.   **Fiebre de la Rejection** - Hay algunas situaciones en las que un adulto totalmente capaz de hacer algo se vuelve reacio a hacer algo porque siente que alguien (más como una figura auténtica) desaprobará sus acciones.

Esto es algo que se considera en el beneficio de que otras valuaciones particulares son mucho más importantes que su propia valuación. Por ejemplo, una persona que ha querido aprender cómo participar puede posponer las cosas definitivamente porque siente que el otro personaje dirá que sus cosas están mal.

2.   **Reflexión para hacer algo** -Cuando un compañero dice que no es que tengan que hacer algo, naturalmente siempre harán la tarea mencionada durante el mayor tiempo posible. Una persona puede volverse increíblemente frustrada y enojada a medida que se acerca la fecha límite para la tarea. Cuando tienen que trabajar dos o tres veces más difícil para terminar la tarea, la otra persona puede volverse incluso más intrépida de esta actitud.

3.   **Dyscomfort** - No es seguro que cada resultado o actividad valiosa involucre algún nivel de incomodidad. Hacer un esfuerzo y gastar energía

en algo es necesario para producir resultados significativos. Cuando una persona tiene un umbral muy bajo para el malestar mental, emocional o físico; él puede hacer crujir hasta el punto de retrasar la separación en profundidad. Un tercio es el más común en cuanto a realizar diferentes actividades. La mayor parte del tiempo, la mayoría de las personas no están conscientes de su propio deseo de evitar las molestias y, por lo tanto, la decisión de posponer las cosas está impulsada por un subconsciente de evitar el deseo de evitarlo.

4. **Temor de fallas** - Algunos adultos están tan asustados de fallar en algo que simplemente dejan de hacer las cosas por el tiempo que puedan. Cuando una persona se opone a la pasión, invitan a todos los Molestias mentales y emocionales que experimentarán especialmente si no tienen éxito en la realización de una tarea de manera sorprendente. Las personas que creen en el perfeccionamiento son más propensas a ser crónicas debido a un miedo general a la pasión.

5. **Estás muy bien dividido:** Si estás dispuesto a distraerte, entonces la crucisión se convertirá en un problema automático. Créalo o no distraerse, en realidad es algo muy común y, por lo general, es probable que algunas personas tengan problemas con la participación en algo por cualquier longitud aproximada. La capacidad de atención media humana es de tan solo 3 segundos.

CAPÍTULO 4

CÓMO EVITAR LA PROCRASTINACIÓN

Aprender cómo evitar la procrastinación no es tan difícil como parece. Es simplemente una descripción de las locuras que atraviesan y comenzar a hacer lo que debe estar haciendo. El primer paso hacia el aprendizaje de cómo evitar la procrastinación es definirlo. La importancia es ese estado de ánimo en el que el individuo se siente inclinado a hacer cosas poco importantes, mientras que usted podría haber hecho más cosas importantes. Debe intentar entender y que, sin duda, no hay nada tan importante y poco importante, estas cosas están sujetas al tiempo y la ubicación. La importancia de las cosas tiende a cambiar con las circunstancias y las situaciones.

Una cosa importante que debe aprender cuando está tratando de evitar la dilación es que debe estar en sintonía con las sutilezas y las sutilezas que le rodean y hacer lo mejor. La dilación es básicamente su incapacidad para hacer eso; y esto es lo que te impulsa. Usted sabe que podría haber hecho la mejor de las cosas buenas que tiene, que puede ser de gran ayuda para compartir su cuento en un brinco, para hacer el mejor trabajo, para disfrutar de su buen trabajo. Simplemente aprendiendo una nueva afición o un arte en lugar de hacer cosas lindas al azar.

Cuando te relacionas con una relación de pareja, debes considerar la diferencia entre una decisión normal de poner un lugar en un viaje y una razón irracional que no tiene razón. La mayoría de las veces se confunden entre estas dos respuestas y, por lo tanto, posponen las cosas. Puede terminar fácilmente la crisis cuando vea que en la mayoría de los casos su decisión de colocar una tarea importante no tiene lógica en absoluto.

Hay algo muy seguro para lograr cualquier cosa y es esto: ¡comience! Yes, it is really que simple whenever you're trying para llevar a cabo something just get started sin thinking any, whatever que need will simply caer en su lugar or you will actually require much less esfuerzo than you previamente anticipated. Se dice con razón pensar demasiado en algo que a menudo se convierte en deshacer. Por lo tanto, debe dejar de pensar y una vez que haya reestructurado su mente, simplemente comience a hacerlo. Se dará cuenta de lo fácil que es y que todo el júbilo y las suposiciones estaban fuera de lugar y eran simplemente el producto de su imaginación. Recuerde el dicho chino "no te apetezca moverte lentamente, si no quieres estar quieto". Esto significa sencillamente incluir una pequeña tarea es mucho mejor que no incluir nada.

La dilación es algo que es mejor dejarlo mañana! La peor parte acerca de cómo se siente atraído por la relación es que se adapta a sí mismo. Esto significa que puede seguir intentando deshacerse de él definitivamente.

Las siguientes cosas pueden ayudarlo a mejorar también.

1. **No te preocupes** - Pasar por alto algo nunca es una buena elección porque es excitante hacer un ciclo de los mismos pensamientos en la mente de manera cuidadosa, sin siquiera considerar cualquier cosa. En lugar de pensar en hacer algo una y otra vez, simplemente hazlo. Recuerde el eslogan de Niker "¿simplemente lo hace?" ¡Es el eslogan perfecto para evitar la crucifixión!

> *Cita 1:*
>
> *"No pienses en moverte*
> *lentamente, por estar quieto*

2. **Cambie su mentalidad** - Mucha gente pospone las cosas porque quieren disuadir o distenderse más tarde. En caso de pensar que está libre de cualquier disconformidad, piense en la discriminación como prolongar la disidencia porque terminará.

hasta recordar todas las cosas que tiene que hacer, incluso si no las está haciendo en el momento.

3.   **Considerar una tarea intimidante** Si siempre encuentra intimidante la tarea que debe hacer, entonces su enfoque es incorrecto y debe estar seguro de que todas las tareas se realizan en una serie de tareas más pequeñas. Con el fin de poner fin a la procrastinación en este caso, es muy probable que necesite centrarse en empezar. No se preocupe por completar la tarea, primero haga todos los esfuerzos necesarios para comenzar de manera simple. Cuando comienzas a hacer algo, te das cuenta de que todo el miedo al que probablemente habías estado enfrentando era simplemente el producto de la imagen.

4.   **Plan Ahead** - Si se siente ansioso por el resultado de algo que tiene que hacer, puede reducir su ansiedad o dudas al crear un plan por delante del tiempo. Asegúrese de escribir los detalles de lo que tiene que hacer y su plan real. Por lo general, vemos las cosas de manera diferente cuando se ven en persona. Las cosas que parecen ser divertidas o demasiado interesantes parecen más fáciles de controlar y administrar cuando escribe los datos exactos. Si esto funciona para usted, repita este proceso siempre que se sienta atrapado.

CAPÍTULO 5

CÓMO TERMINAR CON LA PROCRASTINACIÓN

Hay una diferencia entre el paso de la relación y el final de la relación. Este factor es muy importante para todos porque le da un resultado sobre cómo poner un punto final a la tendencia cruzada.

Además de terminar la relación, hay una serie de temas que debe completar. El primero de todos es que la diferenciación proviene de la herencia y no de la herencia. Cuando se ha dado cuenta de esta realidad, el final de la relación se vuelve fácil y eficaz. La siguiente cosa de la que debes darte cuenta cuando quieres terminar con la persecución es que no hay una razón general por la cual la gente pospone las cosas.

Además de comprender y cómo terminar la relación de manera efectiva, también debe aprender la forma de hacer las cosas. Esto es lo que separa a los perdedores de los ganadores y, de hecho, es la definición de la frase "ganadores". Cuando te vuelves mejor, ya no eres más crujiente. Sin embargo, para la mayoría de los casos, convertirse en un buen logro es casi siempre un sueño distante. A menudo se dan cuenta de que es mucho más fácil de lo que podrían haber imaginado.

Una gran cantidad de personas tienen que lidiar con la dilación en una base diaria, y muchos quieren saber cómo terminar con la crisis. De hecho, muchas personas ponen las cosas en una base regular de lo que les importa admitir que casi podría considerarse una diferencia.

Como individuo que enfrenta problemas de procrastinación, se deben considerar las siguientes preguntas:

¿Quiénes son Mediocres? - Lo que más adormece a las personas que están viviendo una vida sana es porque siempre están atravesando sus sentimientos, sus gustos y sus vidas. ¿Quieres salir de este antiguo lugar de vida y dejar que tus agradables sean? Entonces, ¿qué puede hacer para superar la cruzada?

La idea simple con la que puede terminar con la dilación por lo bueno y realmente convertirse en un éxito rotundo es dominar la parte de conseguir que las cosas se hagan, su confianza no sabrá nada sorprendente y sorprendente. Obviamente, la pregunta aquí es cómo se puede llegar a ser un progresista, o dominar la parte de hacer las cosas y terminar con la crucisión.

Hay más de un enfoque, y cualquiera de los siguientes que elijas, depende de ti y lo que quieres hacer y dónde te encuentras, y qué tipo de desafíos te enfrentas.

Si usted es un pariente que generalmente está bajo mucha presión preeminente y tiene mucho estrés en su vida, entonces es posible que desee desestresarse. Porque a veces la cruzada es sólo un mecanismo de tu mente para protegerte del exceso de trabajo y quemarte.

Si está seguro en cualquier momento, entonces intente cambiar algún tiempo durante el curso de una semana en la que hará lo que necesita hacer. Y en este momento, no haga nada más que ocuparse de estas cosas. Además, saber que tiene un tiempo limitado (con dedicación) hará que sea más agradable para su subconsciente, y que tenga que hacer las cosas que necesita hacer y que no debe hacer nada.

Otra cosa sorprendente y efectiva que puede hacer para poner fin a la crisis es hacer ejercicio físico. Si en general tuvo una vida muy estable, entonces esta segunda vida físicamente podría estar desconcertado por estar en lo más importante. Mover usted mismo probablemente podría ayudarlo a ponerse en movimiento casi siempre demasiado.

A menudo, otra causa de la crispación es que queremos hacer las cosas bien. El perfeccionamiento es una de las formas más infalibles de nunca hacer algo. Usted puede esperar días en las tareas que debería tomar horas, las semanas en las tareas que deberían tomar días, la mayoría de las tareas que debería tomar, las semanas y las cosas que siempre le llaman la atención.

Si ese es el caso, trabajar con períodos de tiempo es incluso más importante. Porque en este caso, hacer las cosas bien y hacerlas perfectas significa que las terminará a tiempo.

La dilación es algo que está mucho más profundamente arraigado en el interior de nuestras mentes. Por lo tanto, en caso de que no sea cierto en todas las situaciones, es necesario que profundicemos en nuestra propia mente, y la hipnosis puede ser una experiencia maravillosa e increíblemente divertida.

CAPÍTULO 6

PENSAR DEMASIADO LE CAUSARÁ PROCRASTINAR

¿Cuándo fue la última vez que hizo algo sin realmente esperar una respuesta para considerar si es lo correcto para hacer? Si le resulta bastante difícil tomar una decisión incluso en las cosas más simples, como decidir qué hacer para el desayuno, puede ser víctima de lo que llamamos "Sobrevivir".

Un ser humano racional típico tiene el don de la alegría, lo que le permite conocer la diferencia entre lo bueno o lo malo. A veces, la "razón" puede ayudarnos a pensar demasiado, lo que nos hace sentirnos ansiosos en cada decisión que hacemos también para convertirnos en crucigramas.

Encontrar un significado oculto en meras cosas que no cautivan su interés, le preocupa que su mente tenga la tendencia a volverse consciente de todo lo que está haciendo, lo que es malo. Más de un pensador pesa cada participación antes de que puedan hacer un movimiento. Tienden a reconocer el lugar más grande que hace que se pongan bajo control, incluso cuando ya saben que son buenos en eso.

A medida que avanzamos, estamos llenos de tanto aprendizaje que tenemos tanto conocimiento que es bueno, hasta cierto punto.

Cuando usted no está en la forma, tiene la tendencia a estar ansioso y deprimido. Esto eventualmente activará su mente para mejorar sus pensamientos. A veces, estos pensamientos ni siquiera están conectados a la Piense por qué está teniendo un mal momento. Cuando comienzas a pensar demasiado, tus funciones normales se ven afectadas.

Deje de ver lo que hay detrás de la superficie si no hay necesidad de hacerlo. Antes de profundizar, debe tener una visión clara de lo que está en frente de usted. Si usted piensa en dar peso a aquellos que son incómodos, le fallará ver la verdad de todo.

Cuando comiences a pensar en algo en un ciclo sin fin, pregúntate a ti mismo:

¿Esto seguirá siendo válido en el largo plazo?

Si le pide esto, sírvase de esta manera cada vez que lo haga, puede sacarlo con precisión. Entonces podrá enfocar su tiempo en algo que realmente importa, lea un tiempo para cada decisión que haga para que usted pueda. Sea mejor al tomar decisiones al establecer "dedlines" en su vida para evitar que posponga las cosas y le pida que no se ocupe de las cosas.

> *Cita 2:*
>
> *" No puedes controlar todo ".*

La mayoría de nosotros desearíamos poder controlar todo lo que está sucediendo. Si esto sólo fuera posible, podríamos haber decidido hacer un error y las cosas hubieran sido perfectas. Pero los placeres son una parte de la vida y este es el único momento en el que podemos aprender una lección y convertirnos en una mejor pareja.

Todos los que tienen éxito cometieron errores antes de alcanzar sus estados quo.

Deje de pensar una y otra vez, ¡solo será un ciclo final y nada de eso importa! Usted no puede controlar todo, acepte el hecho de que hay solo cosas que son lo que puede manejar.

CAPÍTULO 7

PENSANDO DEMASIADO

Es muy fácil caer en el problema de pensar demasiado en muchas cosas en la vida, cuando esté pensando en algo, hágale preguntas simples y concretas. Se ha descubierto a través de un análisis que puede eliminar la particularidad mediante el uso de estas afirmaciones de muestra que pueden sacarte con precisión del relato. Trate de establecer plazos breves para las decisiones. Por lo tanto, aprenda a ser mejor en la toma de decisiones y a entrar en acción al ver las preferencias en su vida cotidiana, si no importa cuán pequeña o grande pueda ser la decisión.

La preocupación es una virulencia particularmente agradable. Se abre y se multiplica y se teje silenciosamente en tus pensamientos de modo que mientras estás pasando por tu negocio diario bajo la ilusión de que todo lo que está pasando está saliendo de la nada. Con el tiempo, al igual que la profundidad, te desgasta y se apaga.

Sea parte de una acción: Cuando sepa cómo empezar a tomar medidas de manera constante, entonces será más crítico si no lo piensa demasiado. Establecer las emociones es una cosa que le ayudará a ser parte de la acción.

Obtenga algo para estar seguro de que "no puede controlar todo":
Tratar de reflexionar sobre algunas cosas, puede ser una forma de controlar todas las cosas. Trate de tomar una decisión precipitada de modo que no se arriesgue a cometer un error, ya que parece una persona. Pero estas cosas son parte de vivir una vida donde realmente estiras tu zona posterior.

No te pierdas las ventajas de la variante: Otra cosa que ha caído en muchas veces que ha aparecido en el conocimiento es que ha pasado menos en los temores vástagos acerca de una situación en la vida. Y por lo que su mente corriendo se habrá creado una gran diferencia acerca de lo que podría suceder si hace algo. ¿Qué es lo peor que podría pasar? Debe aprender a preguntarse a sí mismo esta afirmación.

CAPÍTULO 8

CONSEJOS PARA RESOLVER EL PENSAMIENTO EXCESIVO

¿Cómo detienes a esos quejándose de "qué pasa si?" ¿Qué le pasa a la espalda?

Todos lo hacemos algunas veces - mal acerca de las cosas que dijimos o hicimos, analizamos las cosas desechables, otras cosas que han tenido o compartimos mientras decían la carta original. Casi sin darnos cuenta, nos sumergimos en una espiral de pensamientos y emociones negativas que muestran nuestra alegría y entusiasmo. Es un patrón que algunos psicólogos sobrepasan. Los pensamientos originales condujeron a pensamientos más interesantes, las ventajas a más preguntas. Poner atención en este ciclo negativo puede afectar tu vida. También puede llevar a algunas decisiones realmente malas cuando en realidad todos los problemas se vuelven tan desproporcionados que se pierde la perspectiva de ellos.

Cuando siempre pensamos - considerando lo que ha sucedido en el pasado (futuro) - estamos realmente recorriendo el momento en el que estamos. Usted se alegra de disfrutar de su pasado y de su futuro.

¿Por qué lo hacemos?

En el nivel más básico, la alegría de nuestro granito hace que sea fácil de pensar. Pensamientos y memorias no solo se sientan en nuestros cerebros aislados e independientes el uno del otro, sino que están entrelazados en intrincados nudos de asistencias. Un resultado de todas estas interconexiones complejas es que los pensamientos relacionados con una determinada cuestión en su vida pueden desencadenar pensamientos más difíciles sobre otras cuestiones detectadas.

La mayoría de nosotros tenemos algunos recuerdos negativos, preocupaciones sobre el futuro o las cuestiones sobre el presente. La mayoría de las veces, es posible que no sepamos estos pensamientos negativos. Pero cuando se acercan a nosotros, incluso si es solo porque el clima está seco o porque bebemos demasiado antes, es más fácil recordar las memorias negativas y comenzar el ciclo de pensamiento. Muchas mujeres están muy satisfechas con los compromisos de hacer malabares con el hogar y el trabajo y sienten la necesidad de hacerlo todo con perfección. Tendemos a sentirnos responsables de todos, creemos que deberíamos estar en control, y nos aseguramos de que nuestros estándares son bastante altos.

¿Cómo superarlo?

Si usted es un gran pensador, simplemente se le dice que saque el tiempo y la confianza no lo hará por usted. Usted necesita tomar pasos activos para controlar y superar el pensamiento negativo, romper el hábito no es fácil, y no hay una solución mágica para todos, pero esto sugiere la ruptura del ciclo negativo. de más pensamiento.

1.   **Dale un descanso a ti mismo** - Libérese de su mente con algo que le interese y le quite el ánimo, ya sea leyendo un buen libro, caminando, recibiendo un masaje o mientras hace el sexo.

2.   **Tómate en la mano y ...** Cuando no se dé cuenta de que está haciendo lo mismo, dígale que se detenga. Coloque todas las etiquetas en su escritorio y alrededor de la casa como recordatorios.

3.   **Haga las tácticas dilatorias** - Si hay situaciones particulares o lugares que desencadenan el pensamiento, como un escritorio colocado en lo alto con paréntesis o letras sin contestar o más, entonces haga algo, más bien pequeño. Pensar demasiado en que se le gusta con inactividad puede convertirse en una víctima. En caso de vivir en el temor de lo que no puede hacer y lo que podría suceder, es mucho mejor hacerlo simplemente haciendo algo.

4.   **Recuerde sus pensamientos** - Supongo que asumir grandes proporciones después de un trabajo amable puede desaparecer de repente cuando les hablas a través de un amigo. Pueden parecer ridículos o incluso

divertidos. De hecho, bromear con ellos realmente puede ayudar a disipar sus preocupaciones.

5.   **Escudriñar en pensar en el tiempo** - decida cuándo se permite pensar. Limite el tiempo que le da a usted mismo y preste atención a su horario. Imagínese guardando todos esos pensamientos en un cuadro específico que puede sacar en un momento particular del día, luego séllelo y guárdelo cuando se acabe el tiempo.

6.   **Disfruta el momento** - Activamente planifique las cosas que le agradan. No importa lo que sea, lo que funcione para usted. Es difícil hablar en negativo sobre el pensamiento cuando estás divirtiéndote.

7.   **Exprese sus emociones** - En caso de ir a un análisis más profundo de lo que realmente significan sus emociones, permítase analizarlas por un cambio. Vamos, creemos, hagamos un plan, déjese llevar por la emoción y luego continúe.

8.   **Perdónate** - Eso no significa entender que los comentarios ligeros o hirientes nunca sucedieron, pero requiere tomar una decisión para dejarlos en lugar de pensar en ellos.

9.   **Tener en cuenta** - Tómese el tiempo cada día justo para estar en el momento. No será fácil, pero sí y cosecharás las recompensas. Vaya al jardín para ver la puesta de sol, pase 15 minutos en el lugar a la hora del

almuerzo o siéntese en una fiesta por su cuenta. No multiplique los pensamientos, déjelos ir y venir, pero no se dé cuenta de lo que hay alrededor y cómo se siente su cuerpo.

CAPÍTULO 9

IMPACTO NEGATIVO DEL PENSAMIENTO EXCESIVO Y LA SOLUCIÓN

Muchos de estos días están llenos de estrés y dolor en un día regular, todos los días. La gente sufre de varias formas de ansiedad psicológica, esto también causa mucho que tenga efectos negativos en la medida en que su salud vaya en su vida. Las personas no pueden dormir o dormir en cualquier lugar tan cerca como deberían estar, o tan bien como solían antes de empezar a sufrir de ansiedad. Esto hace que sufran de ansiedad psíquica además de los problemas de ansiedad mental original. Cualquiera que sufra de ansiedad mental sufrirá de los efectos divinos causados por los problemas mentales. La mayoría de las personas que sufren de ansiedad, sufrirán de un agotamiento extremo después de una conexión, teniendo en cuenta su dolor, se sentirán aterrorizadas y se desvanecerán, en su mayor parte.

Esto no es un consejo para cambiar la forma en que piensa de ninguna manera. Por el contrario, aquellos que piensan en cosas a través generalmente evitan cometer los errores que pueden volver a perseguirlos más tarde. Sin embargo, algunas veces pensar demasiado puede detenerte en tus asuntos y evitar que tomes las acciones necesarias para conseguir la despedida. Si cree que esta es la situación en la que se encuentra, necesita encontrar alguna manera de luchar contra las ideas aceleradas en su cerebro.

La gente no debería tener que pasar por estos síntomas y ser utilizado para ellos o asumido. Estos símbolos no deben ser una parte de la vida diaria, ya que hay un tratamiento de ansiedad en realidad por ahí. mucho sufrimiento por esto. La gente puede recibir ayuda y no tener que vivir su vida tal como es.

Sobrepasar es una señal de advertencia de problemas de ansiedad, si está teniendo problemas para hacer que las cosas comiencen o si se está encontrando a usted mismo demasiado bien para terminar bien las etapas. Aunque esto no es siempre la causa, muchas personas que sufren de ansiedad tienen síntomas que están dispuestos a pensar demasiado y, por lo general, necesitan someterse a los mismos pasos para curar su problema. No es un problema tan grande como pueda pensar, pero definitivamente es algo que debe mirar con su médico para ver si usted podría estar sufriendo de este medio. De lo contrario, sus deseos de curar naturalmente su mente siempre serán en vano.

Las personas que sufren de ansiedad psicológica no siempre están en terapia y saben que padecen depresión clínica o cualquier otra cosa. Las personas que sufren de ansiedad están constantemente luchando por algo, constantemente están pensando demasiado en todas las cosas que van a su alrededor. Ellos están constantemente preocupados de que algunos de ellos estén pensando mal en ellos o hablando mal de ellos cuando no están mirando. Cada vez que alguien está llamando o viajando a algún lugar, la mayoría de las personas que sufren ansiedad inmediatamente pensarán en la peor situación posible. Para cualquier situación que parezca un poco fuera de lugar, algunos que sufren de ansiedad verán lo peor en la situación.

Si usted sufre de ansiedad, entonces probablemente crea que hay algo mal en usted y está queriendo averiguar cómo prevenirlos. Un ataque de ansiedad en realidad es básicamente lo mismo que un ataque parcial, los nombres son más de una preferencia para el individuo. 'Panic' se usa a menudo para definir algo de corta duración y muy al mismo tiempo, donde la palabra 'ansiedad' se usa más a menudo para describir una simpatía menos abrumadora y más duradera. Estos problemas generalmente se desarrollan cada vez que un ataque de pánico puede ocurrir de repente.

La gente que sufre de ansiedad psicológica sufrirá de ansiedad sexual, a menudo sufre de ansiedad y sufre efectos físicos de la ansiedad. A menudo son molestos y lloran mucho, a veces parece que están enfermos de estómago. No tienen tanto entusiasmo como normalmente deberían, y simplemente se sienten emocionados, la gente no debería tener que sufrir como estos.

La ansiedad es simplemente una preocupación importante en su mente y que una situación particular es peligrosa o está fuera de su control y los ataques de ansiedad son sus mentes en la naturaleza que cae en el estrés.

También puede ser extremadamente difícil cuando las personas que te rodean no parecen entenderlo. Si les dice que no puede dejar de pensar en cosas, lo más probable es que digan que son lo mismo, pero hay una gran diferencia. Una situación de ansiedad o relación es simplemente una reacción desconcertante a una situación en la que usted piensa que parece ser estresante. La mente entonces experimenta sentimientos de ansiedad, si la situación es recurrente, entonces la ansiedad puede empeorar o alargarse.

Las conexiones de panamá tienden a ejecutarse en familias; se desconoce si esto es genético o simboliza las conductas y pensamientos de nuestros padres sobre el mundo y, por lo tanto, haciéndolos nuestros. Nadie debe avergonzar, y tenga en cuenta que la ansiedad no es algo que no tenemos nunca control. La ansiedad o las relaciones sexuales se pueden prevenir volviendo a encuadrar la actitud en su mente, descubriendo las tensiones como la meditación, evitando algunas de las causas que le hayan recetado por su parte.

La ansiedad tiende a aumentar cuando nos retiramos de las actividades que la causan, lo que resulta en una trampa 22. Es posible que descubra que se desencadena en una determinada situación de vida normal (como estar en una gran multitud). Cuando te alejas de esto, realmente aumenta tu miedo a la vida.

Esta es la opción natural para los sufridores de ataques específicos para superar una situación que provoca su ansiedad. Pero cuando haces esto, te volverás más ansioso y esto hará que otras situaciones se conviertan en trampas en las que antes te quedaste bien. Esto, a continuación, hace que su mundo a su alrededor sea más restringido hasta el punto de que ni siquiera su propio hogar se siente seguro.

Hay muchas formas de tratamiento para la ansiedad. Algunas personas pueden lidiar con su ansiedad a través de la consulta con un psicólogo con licencia. personas Some need un little más than that to acuerdo de ayuda them con anxiety, such como visiting un psychiatrist and being prescribed una medicación diaria to estabilizar el estado de ánimo and chemicals in their heads y some also get una receta for an emergency medicamentos to be taken cuando sufriendo de un ataque de ansiedad.

Tener amigos y amigos que lo apoyen también puede ayudar. ¡Esté cerca tanto como sea posible, si puede ayudarlo! Usted necesita otra ayuda y las atracciones más fuertes que usted construirá definitivamente y en pensar en los temas y en el cuidado de las personas que lo rodean. La mayoría de las enfermedades comienzan con pensar demasiado en algo relacionado con la propia vida, especialmente los problemas de salud, y prever que estamos entrometidos en algo maravilloso y maravilloso.

CAPÍTULO 10

CÓMO EVITAR QUE PENSAR DEMASIADO SABOTEAR SU RENDIMIENTO, PRODUCTIVIDAD Y ESTADO DE ÁNIMO

"Siempre estás haciendo montañas de colinas". "Estás paranoico". "Siempre eres tan indeciso". "¡No estás haciendo nada!" "Deja de dejar que tus pensamientos obtengan lo mejor de ti". "¡Recupera tu mente ya!" "¡Solo necesito algo de tiempo para pensar!"

Existe una gran posibilidad de que algunos de estos comentarios le lleguen a usted. Si es así, también hay una posibilidad muy probable

que está cayendo correctamente en el cuarto error más común que se comete al intentar ganar dinero o construir un negocio

La vida está hecha de muchos momentos, pero sólo vivimos uno de estos momentos a la vez. A medida que comenzamos a cambiar este momento, comenzamos a cambiar nuestras vidas.

¿Eres alguien que tiende a pensar demasiado en las cosas? ¿Qué es exactamente lo que está pensando de alguna manera? Sobresalir es "pensar demasiado, innecesaria y alegremente. Y, por último, reconocer los significados, las causas y las consecuencias de tu cara, tu piel, tu piel, especialmente divertida".

> *Cita 3:*
> *" Sus pensamientos se refieren a sus comportamientos y sus comportamientos se refieren a sus acciones ".*

Es posible que se esté diciendo a sí mismo: "Es importante para mí analizar todas las situaciones desde todos los ángulos". El pensamiento crítico es importante. Sin embargo, cuando está vinculado a la perfección o a cualquier otra situación, no lo está. ¿Estás pensando demasiado? ¿Qué significa eso? En cualquier momento del día, los expertos dicen que tenemos de 20 a 42 pensamientos o más, pasando por nuestras cabezas. ¿En qué estás tan ocupado pensando? Es posible que esté pensando en el taponero en la galería, en las partes en su día de trabajo, o incluso en la ropa que necesita ser atendida, algunas ideas son triviales. Donde otros pueden tener más simpatía por usted, como hacer un lugar especial o desarrollar un lugar cercano que podría aterrizar un gran descontento en el lugar de interés. Sus pensamientos se relacionan con sus comportamientos y sus comportamientos con respecto a sus acciones.

Cuando dejas tu tiempo enfocándote en todos los "¿Qué pasaría si?" Usted se evita de avanzar y tomar acción. ¿Qué sucede cuando su "¿Y si?" ¿No es correcto? Habrías estado perdiendo todo su tiempo preocupándose por nada. El motivo más común es el pensamiento de la pasión. "¿Qué pasa si caigo?" debería cambiar a "¿Qué pasaría si tuviera éxito?" El motivo de tener éxito podría ser igual de grande para aquellos que sufren el fracaso. En última instancia, la procrastinación es lo que produce todo pensamiento.

Otros ejemplos de sobrepasar incluyen pensar una y otra vez a lo largo del día, por qué de repente te sientes tan viejo, o si tu menor de edad puede ser una gran sorpresa, algo asombroso. Podría significar estar despierto toda la noche pensando: "Esta economía es tan mala, mis convulsiones van a ser maravillosas; sin duda alguna, voy a perder mi alegría y nunca daré mi amor". O bien, podría significar pensar muchas veces durante el día acerca de lo poco atractivo que se estaba convirtiendo su pensamiento y su tenue.

Muchos piensan que cuando se sienten abatidos, desaparecidos o descorazonados por algunos de ellos, que piensan en ellos extensamente y se divierten con la fascinación que se les atrae. La realidad, si miramos a través de la ciencia, es todo lo contrario. En lugar de ser útil, al final rumiar acerca de las causas y las explicaciones de algunas situaciones negativas tiende a hacer que la gente se sienta peor. Existe una vasta y abrumadora evidencia de que pensar en todos y cada uno (también llamado "rumiación") acerca de una situación preocupante o reveladora es malo para nosotros. Puede be so toxic, that nos prevents de taking important proactivo steps that could mejorar la situation and it can lead to un negative spiral toward an ever worsening mood, un negative distortion of realidad, and even, in los who son vulnerables , especial atención.

La vida, el trabajo y el mundo alrededor de nosotros están llenos de problemas, desde más o menos defectos, defectos y peripecias, hasta problemas importantes y pasiones aterradoras, pero no se preocupan por ellos, sino por los más importantes. Tampoco nos hace más seguros, o de alguna manera menos propensos a ser heridos o heridos por ninguna de estas vicisitudes. Insistido, nos hace sentir peor y nos hace Es menos probable que tomemos una acción especial para mejorar nuestro estado de ánimo o cambiar realmente esas situaciones que son intercambiables.

Nowhere is el evitar to need overthinking más evidente que durante esto time of terrible noticia financial, una economía precarious and creciente desilusión con government y corporate America, cuando la confianza en their ability to proporcionar adequate and servicios reasonable, y las protecciones and leadership needed to keep El país se está ejecutando casi siempre en un tiempo mínimo.

¿Cómo puede entenderse en función de usted, de sus cosas personales, de su familia y de sus amigos?

Puede hacer que se sienta tan enojado que tenga miedo de tomar riesgos, pensar en los demás y hacer que los esfuerzos importantes necesarios para ser realmente efectivos. Puede hacerle difícil e incluso emocionarse por estar cerca de las personas que más le interesan. En última instancia, la superación, con sus predicciones de placer inesperado y graves consecuencias, puede ayudar a evitar el bienestar necesario para trabajar bien, avanzar y estirar para ayudar a que las cosas sean buenas.

¿Le ha sucedido esto alguna vez?

¿Qué puedes hacer para evitar esto?

1.   Utilice diversas técnicas para limitar o dejar de pensar demasiado. Sorprendentemente, uno de los más simples es el más eficaz. Destrúyase. En general, opte por redirigir su mente a otra cosa, preferiblemente a leer y comentar, o interesar y destacar. Alternativamente, alguna persona encantadora encuentra poner un letrero de parada y decirle a la otra persona en su lugar. ahi, o si la situacion lo permite, a la derecha, la palabra, "Stop!" cada vez que se encuentran rumiando.

2.   Dar una preferencia. Aprenda a reírse de los errores y los problemas, exponer el error humano y encontrar la seguridad y el humor en ellos como les parezca. Supongo que las vidas de los asistentes están ocupadas, y que es probable que existan otras alternativas por las que de

otra manera se podría destacar como un sub o un subalterno. Date cuenta de que la mayor parte del tiempo no se trata de ti.

3. Evite los intentos. Manténgase alejado, o limítese a su tiempo, tanto como sea posible con la alegría o las actitudes que tienden a dejarlo en un sentimiento negativo y en el conocimiento. Identifique quiénes y qué son, y cómo puede disminuir su proximidad a estos desencadenantes.

4. Vaya para "fluir". Encuentra cosas de tu vida, ya sea que se disparen, tocar el piano, escribir, correr o hacer kayak, que te absorban tanto que te pierdas por todos los demás pensamientos. Programe el tiempo para esas actividades que crean flujo en su vida generalmente, diariamente si es posible.

5. ¡Práctica, precisión, precisión! Finalmente, elija algunos de estos consejos y coloque, practique, practique. El análisis muestra que se necesita un poco de precisión para "cablear" un nuevo hábito, por lo tanto, sea amable con usted y simplemente siga usando sus nuevos trucos y pensamientos cuando esté atento. Con el tiempo y la práctica, debe encontrar que ambos sean más felices y más productivos.

6. Se enfoca en su ímpetu en el movimiento. Hay momentos en los que puede quedarse atrapado en el "¿Cómo puedo?" pero eso está bien. Mantenga el movimiento avanzando y creará el impulso. Los "Cómo" a menudo se muestran. Pregúntele a alguien quién está haciendo lo que usted quiere hacer y cómo lo hizo o cómo lo hizo o vocifere para ayudarlo en algunos manera. Confíe en que tomará lo que desea de ellos y lo aplicará en su propia manera. La gente le preguntará cómo lo hizo.

7.	A la espera de la perfección en vista de buscar en todas las ventajas y desventajas disponibles para usted, puede recordar el mundo de sus regalos. La mejor manera de superar las diferencias de más es tomando medidas. Comience echando un vistazo a la gran imagen. ¿Qué es lo que quieres? Haga una lista de todas las tareas y pasos que necesita tomar para llegar allí. Es posible que desee clasificarlos. Cada día tome de 3 a 5 pasos de acción a partir de su último. Antes de que lo sepas, la gran escena comenzará a parecerse a las piezas de la película que se están uniendo.

CAPÍTULO 11

CONSEJOS SOBRE CÓMO DESHACERSE DEL PENSAMIENTO

Al final de este capítulo, encontrará algunas de las afirmaciones más elegidas, probadas en el tiempo y alegres que le ayudarán a empezar. Seleccione aquellos que crea que serán más útiles. Escríbalos, llévelos consigo y úselos con frecuencia. Tenga la oportunidad de decirlas mientras hace sus actividades diarias, como frotarse los dientes o lavarse las manos. En este capítulo, les daré información sobre cómo deshacerse de la historia.

- ✓ Diviértete eliminando la negatividad.
- ✓ Tome el control de sus pensamientos, sus emociones y su vida.
- ✓ Cambie su felicidad, una forma de pensar demasiado y de pensar demasiado.
- ✓ Introduciendo nuevos y saludables hábitos de sueño.
- ✓ Aprenda a tener tranquilidad en los demás para que se sientan desanimados y ansiosos.
- ✓ Aprenda cómo participar en la persona de su mente inconsciente para traerle éxito.

- ✓ Aprenda a lidiar con malas relaciones.
- ✓ Aprenda las etapas efectivas que debe realizar con la información en general.
- ✓ Debe tener la visión de tener éxito en otros para tener una vida feliz.
- ✓ Debes convertir tus bellezas negativas en bellezas
- ✓ Debe crear habilidades para desarrollar sus habilidades de liderazgo en la vida y los negocios.
- ✓ Conviértete en la mejor versión de ti mismo.
- ✓ Debe crear la mejor vida posible para usted.
- ✓ Asóciese con personas cuyas virtudes y creencias coincidan con las suyas.
- ✓ Conquista el miedo al rechazo.
- ✓ Aprenda a actuar.
- ✓ Recuerde trabajar en pos de sus alegrías y el lugar de la mente.

ELIMINANDO LAS INFLUENCIAS NEGATIVAS DE SU VIDA

¿Tiene un To-Do menos que sea más largo que su brazo? ¿Miras la lista y piensas, "¡Guau, tengo tanto que hacer! ¿Por qué dije que tomaría ese proyecto para la escuela?" Un poco de gente está alrededor de ellos, un poco de "mala suerte" o "pervertida" en sus mentes, por lo menos, en sus experiencias, en su cara. Mucha gente en el mundo de la magia de hoy se aferra a las cosas que dicen que deberían hacer, pero no lo hacen. Ya sea que se trate de algo que necesitas tomar, o una llamada telefónica a ese amigo con el que has tenido una pelea y al que quieres adaptarte. Todo esto son los "deberes y los deberes" de tu vida, si no te aferras y terminas resguardando tu espalda y robando tu preciosa alegría, pero no lo haces.

¿Te gusta esto?

Si lo es, apuesto a que tuvo una influencia negativa en su confianza y autoestima.

El Approach

Eche un vistazo a su vida y deshágase de este equipaje haciéndose una serie de preguntas, he incluido una serie de problemas que pueden ayudarlo con el problema. En efecto, lo que estamos haciendo es hacer ciertas tareas "completar", trazar una línea debajo de ellas y seguir adelante.

El siguiente conjunto de preguntas se puede hacer en una conversación o en un número de horas / días. No pienses solo en ellos, tómate el tiempo para obtener un lugar de interés y escríbelos, al hacer esto, tus respuestas hacen que los pensamientos sean más divertidos y asombrosos. abra su mente para otras personas. No espere que esto sea algo que pueda completar en unos pocos momentos, tómese su tiempo, trabaje a través de ellos durante el transcurso de una semana o más. Una vez que empiece a despejar el desorden, Descubrirá que su mente se abre y comienza a ver las cosas buenas que estaban allí, pero no tenía nada para verlas.

Tolerancia

¿Qué estás aguantando? Todos los días hay pequeñas cosas que podemos hacer con alguien, no volver a poner el tubo de pasta de dientes, no poner las cosas en el camino, decirle a su quejándose y quejándose. Tómese un poco de tiempo y escriba 10 cosas que está haciendo en casa, en el trabajo y cualquier otra parte de su vida. A continuación, escriba una opción junto a cada uno de estos elementos, un paso que puede dar para deshacerse de alguno o para comunicarse con alguno. Haga un compromiso con usted para hacer los cambios hoy.

Asuntos no contados

¿Qué tienes actualmente alrededor de tu casa que no está terminado? Estos incluyen proyectos en los que ha estado trabajando en casa. Podría ser parte de una renovación, o tal vez sea un proyecto de artesanía al que sigas teniendo ganas de llegar, o un nuevo pasatiempo que te gustaría probar y mucho más. Este tiempo hace una lista de las cosas que realmente vienen a la mente y que no se muestran, haga una acción para reducir este número ya sea completando algunos de los elementos anteriores o simplemente haciéndolos. Esto podría ser un asunto sin terminar o una conversación sin descubrir, tome el tiempo para trabajar con ellos. Usted comenzará a notar que tiene más emoción y más bien motivado para hacer más.

Mantenerse al día con los amigos

Es hora de triunfar tratando de vivir su vida basado en los términos de otra persona. Cada uno de nosotros tiene su propio criterio y valores, tómese el tiempo de aprender realmente lo que es más importante para usted. Cualquier decisión que tomes, base ellos en sus valores, decida si esa buena suerte le ayudará a vivir por sus valores, si no, entonces deje que alguien más tome la suerte. Incluso aunque no se trata de vivir de acuerdo con los principios de otra persona, es bueno buscar en los demás ejemplos interesantes. Al menos 5 personas que admiras e identifican sus mejores cualidades, comportamientos y cómo llevaron su vida. ¿Qué valor le pudo identificar que lo hace más cercano a su vida ideal?

Más adelante

No siempre es fácil vivir la vida en sus termas, estar enfocado en lo que es importante para usted requiere una reflexión rigurosa para asegurarse de que está pasmado en el tiempo. Ya sea que sea cada noche antes de que usted cierre los suyos y vaya a bajar, o cuando llegue a la prueba, o durante su caminata matutina. Siempre que se tome el tiempo y se concentre en los aspectos importantes de su vida y aprenda a ser su propio director en lugar de escuchar los "podría" y los "debería". Serás feliz por ello y comenzarás a descubrir qué es lo que te espera.

CÓMO DESARROLLARSE Y ELIMINAR LA NEGATIVIDAD

Las personas que sufren de enfermedades mentales, como la ansiedad, y la discapacidad mental, están comúnmente presentes con aspectos cognitivos negativos como parte de ellos. Estos por lo general desaparecen junto con la recuperación de un episodio de enfermedad.

Podemos evitar más fácilmente la negatividad que viene de un lugar que sólo nos encontramos con facilidad. Pero, ¿qué pasa si ese "círculo de la negatividad" estaba en casa o se había agregado en su lugar de trabajo y ha tenido que enfrentarlo todos los días? ¿Con qué facilidad puede hacerlo entonces?

Empecemos mirando en 3 explicaciones clave por qué teníamos que dejar de sentirnos desagradables.

1.   La negatividad puede haber pasado un tiempo valioso y sus razones

Fíjese esto por un momento: comience a trabajar con una intención de cumplir con sus tareas para el día. Encuentra a sus colegas discutiendo acerca de un cambio introducido recientemente por el administrador. De alguna manera se sentirá atraído por el debate. Si no es agradable, podría ponerse al día en una discusión final y fue su tiempo valioso para recuperar.

Simultáneamente, seguir, argumentar su caso por el bien de una etapa "difícil de entender" no solo era tiempo, sino que también reducía la productividad.

2.   ¡Un pensamiento negativo afecta su salud, negativamente!

Un pensamiento negativo tiene un resultado de salud negativo en general. Hace que uno esté más cerca de los efectos dañinos de las tensiones, liberando más hormonas de las tensiones y reduciendo las endorrhinas (las hormonas más llamadas "divinas"). Científicamente, todas las evidencias muestran que una actitud negativa puede afectar negativamente nuestro sistema inmunológico, haciéndonos más cercanos a las infecciones y otros problemas físicos y psicológicos.

Las personas con una enfermedad casi negativa podrían tener un mayor riesgo de problemas de salud mental y mental, teniendo en cuenta la depresión en comparación con el éxito con una actitud positiva y agradable.

3.   Enfocándose en lo negativo solo contradice a su progenitor

Negativamente tiene un terreno de crecimiento. Al igual que una sola parte en la canasta puede estropear la otra parte: una persona encantadora, realmente no puede influir en sus pensamientos y en su estado mental de una manera diferente. Muy pronto te vuelves negativo y cínico.

Fallas en comunicarte de manera efectiva y las cosas interesantes parecen ser importantes para generar conflictos sin sentido con los demás. Pronto te conviertes en parte del problema en lugar de ser parte de la solución.

¿Por qué nos enfadamos negativamente?

Adoptar una posición negativa no requiere mucho esfuerzo (aunque siempre se puede gastar), en lo que respecta a pensar y comportarse de una manera positiva y sorprendente.

Una alegría de 'perder' puede conducir negativamente. La falta de cumplimiento de nuestras necesidades también podría alimentar la negatividad, por ejemplo, la falta de sentimientos amorosos o sinceros, bienestar, estrés, cansancio, exaltación, etc.

Podemos entrar en una "situación negativa" de un tiempo al otro, debido a tensiones externas o conflictos internos. Algunas personas con emociones negativas pueden esperar inconscientemente o inconscientemente más de lo mismo, lo que hace que la `` negatividad '' sea algo agradable, pero poco saludable.

Permítanme compartir algunas formas de aumentar la negatividad en su vida.

1. Cultivar una mentalidad abierta y distendida

Las personas que proyectan negatividad sobre una base constante, generalmente tienen una baja autoestima. Se sienten mal por sí mismos, y su negatividad podría reflejar esos sentimientos.

Adoptar un pensamiento común debe permitirle escuchar sin juzgar, considerar la simpatía genuina y acercarse a la otra persona. Usted no tiene que compartir sus puntos de vista o tratar de resolver sus problemas para ellos - sólo anímelos a buscar soluciones por sí mismos. Manténgase alejado de las emociones negativas de los demás si desea ayudarlos de una manera amable.

Research ha demostrado que nuestras experiencias de eople pueden influir en su comportamiento y vice-versa. Cuando hablamos de alguien como "negative", lo anticipamos a que comprendan, sean persistentes y tengan problemas en la mayoría de los casos. Esta precisión o predicción a menudo resulta cierta.

¿Ayudaría a decir que nada como una "persona negativa", sólo una persona con tendencias negativas?

2.   Infundir energía y entusiasmo

Cuando mires bien a ti mismo, con una ayuda para tu vida, el vibrante se sentirá más o menos después se frotará a tu alrededor. ¡Las vibraciones energéticas positivas pueden tener un efecto positivo!

3.   Usa el idioma con cuidado

Intente recuperar lo siguiente en alto (con participación en el lugar)

- ✓ "Me siento como crap"
- ✓ "¡Este alimento es repugnante!"
- ✓ "Este truco me está haciendo la cabeza"
- ✓ "Esto es casi completo. ¿Cómo se atreve a compararse con los peores sobre mí?"

Ahora prueba estos en su lugar:

- • "No me siento muy bien"

- • "Esto no es bueno"

- "Este atasco es bastante abrumador"

- "Esto no es correcto. Me pregunto qué la hizo comprender a lo que me rodea".

La forma en que enmarcamos nuestras oraciones y las palabras que usamos en una base regular tienen un gran papel para participar en la alimentación o en la desactivación de la ansiedad. Las palabras como siempre, nunca, todo, todos, nada, nada, etc., pueden fácilmente detenerse realmente. Así que elige tus palabras con habilidad y atención.

4.   Deja de criticar a los demás (y a ti mismo)

Debe asegurarse de que no puede controlar eventos extremos y que nadie puede hacer que se sienta de una manera determinada, ¡solo usted puede! Nada más lo malo que sea la situación, ni la mayor parte de blamis, cynicysm o back-ligar lo cambiará. Trate de aprender y experimentar algo positivo de ello, no importa qué.

5.   ¡Energice positivamente sus pensamientos!

Las ideas negativas y las emociones que las acompañan pueden arruinarse cuando se le permite ejecutar su curso libre. En lugar de prestarles atención, primero cree su presencia. Pregúntese "¿me sirven a mí y a mis seres queridos?" Su cuerpo enviará vibraciones. Si esto te hace sentir mal, recuerda las consecuencias de aferrarte a ellas. Tome una decisión consciente de separar y deshacerse de ellos por lo bueno. Distinguirlos creará un espacio vacío en su mente. Rellénelo con pensamientos alegres y felices, y cárguelo con una condición física y emocional. ¡Esto hará que se sienta positivamente energizado!

6. Tener una ruptura

La exposición mental puede ayudarte a mantener una actitud positiva y concentrada. Ninguno de los aspectos del mundo exterior que se relacionen con sus propios juicios de valor, ni siquiera los diálogos y las listas de "cosas por hacer" pueden distraerle.

Dale a tu cuerpo y mente la ruptura que se desvía incluso si solo durante 5 minutos cada hora más o menos. Esto no sólo le ayudará a reorientarse a las tareas que necesita completar, pero no podrá realizar sus mejores esfuerzos.

7. Elija hábitos saludables y un estilo de vida saludable

Lleva un estilo de vida saludable y diviértete con la atención de excitar tu cuerpo y tu mente. Entre otras cosas, practique agradecimientos a diario. base, leyó historias destacadas, escuche música, conéctese con sus seres queridos, déle tiempo a su hijo, participe en las actividades deportivas y sus necesidades y disfrute.

8. Respetuosos

La seguridad plena es un estado de ánimo de donde fluye la energía creativa. Entra en su parte interna y le reconoce los valores de su color.

Cuando se esfuerza por resolver la negatividad, solo puede continuar más adelante y terminar en una situación poco segura. Acepta su presencia y no se culpe a sí mismo.

Pruebe maneras de llegar a un estado de felicidad. Haga una lista de las cosas, participe o las actividades que hacen que se sienta bien en usted - no haga nada de esto en su diario personal. Fije estos disparadores de ayuda en su Diariamente rutinariamente, consiéntelos y disfruta de los beneficios.

Cita 4:

"¡El éxito deja pistas"!

9.   Espere que la 'negatividad' tenga una vida corta

Recuerde que, si sigue en posición de descanso, la negatividad le llevará a dar un paseo alegre. No es suficiente pensar en la alegría, también es necesario que se desprenda de las partes negativas y tubulares que podría haber resuelto y esponjoso. ¡Cree una expectativa de que se moverán y lo harán!

10.   ¿Ha añadido sus necesidades?

Todos tenemos necesidades - nuestras necesidades físicas, emocionales y especiales. Gire su atención hacia ellos y vea cuáles necesitan ser abordados. ¡Abordelos y experimentará frescura en la vida!

Déjese sorprender por el éxito y el éxito y estudie cómo tratan la negatividad. ¡Recuerde "El éxito deja pistas"!

CÓMO TOMAR EL CONTROL DE SUS PENSAMIENTOS, EMOCIONES Y VIDA

¡Nada se ilumina como un pensamiento positivo!

¿Convertir un mal día en uno bueno?   ¡Mira!

¿Cambiar toda su opinión sobre una cuestión?   ¡Mira!

Creen que puedes cambiar (y tú hacer)? ¡Mira!   ¡Mira!

Rodear a los demás con otros que llevan su entusiasmo en su soledad (y en la práctica de lo que predican) se lleva nuestros corazones, que a su vez,

¡superan nuestras metas! ¡Estos mejoran mucho, sin duda, por nuestro propio interés en las búsquedas positivas!

En esta época moderna, la mayoría de nosotros vivimos en una constante amistad. Algunos de nosotros, incluso como si estuviéramos sufriendo a lo largo de la vida a una velocidad asombrosa, y no tienen ningún control por encima de sus circunscripciones. Cuando estás en ese estado, te vuelves impotente sobre tu situación. La presión sobre los casos en que se puede detener antes de que pueda detenerla, la ansiedad se apodera de usted antes de que pueda defenderse de ella. Por último, todos estos se suman a estrés psicológico y emocional, y esto puede causar problemas en su vida y en su salud.

Si desea ser reconocido de los mejores y más importantes problemas, y desea estar en la primera línea de su vida, no en la parte de atrás, entonces sírvase de su ayuda.

1.   Sea consciente de lo que está pensando y en lo que está sintiendo. Si desea estar en control en su vida, primero debe desarrollar la atención o las garantías mentales. Este es un estado en el que te vuelves completamente feliz de todo lo que sucede dentro y alrededor de las personas. Usted está a disposición de eventos y Circunstancias, y usted también está seguro de cómo estos afectos le hacen o le hacen pensar y sentir.

2.   Ordene a través de sus pensamientos y emociones. Ya que sabes lo que piensas y sientes en cada momento, también tienes el poder de analizarlos y elegir solo las ideas y los momentos más alegres, alegres, alegres y alegres. Usted también será capaz de identificar pensamientos y emociones que son perturbadores, destructivos, dañinos, despectivos y críticos.

Si no eres amable, simplemente te dejas y tus acciones están influenciadas por cualquier pensamiento o emoción, sea negativo o positivo. La mayor parte del tiempo, los pensamientos y emociones negativas tienen el efecto más fuerte. Y estos también permitieron evitar acciones, reacciones y salidas. En resumen, estarás saboteando tu vida.

3.   Vuelva a colocar los negativos con visiones. Al clasificar a través de sus pensamientos y emociones, podrá reconocer de inmediato los aspectos negativos en su vida. Una vez que los coloca, puede detenerlos y volverlos a colocar con pensamientos y emociones interesantes.

4.   Utilice la programación sublime. A veces, incluso si usted puede distraerse ligeramente de las ideas negativas y de las formas en las que se encuentran, los pensamientos amorosos y conscientes se esconden debajo de ellos. Así que cuando te enfrentas a una actitud negativa, estas ideas negativas obtienen el refuerzo que necesitaban y terminan por arruinar la vida en tu vida. Por lo tanto, la única manera de eliminar eficazmente la

negatividad de su opinión y mostrarla con positividad es a través de la organización sublime. Esto es una organización que ocurre en el nivel subconsciente del cerebro. Este es el lugar en el que se almacenan todas las cosas e infracciones. Aquí es donde se llevan a cabo los hábitos, los impulsos y las conductas. Aquí es donde la negatividad se esconde hasta que encuentra una oportunidad de salir de la misma. Por lo tanto, si desea eliminar la negatividad de las raíces, use organización subliminal, lo que significa enviar mensajes positivos a su subconsciente para revelar sus pensamientos negativos.

¡Nuestras vidas pueden ser tan felices y exitosas cuando elegimos rodearnos solo de amigos y colegas que nos ayudan a mejorar! ¡Qué diferencia puede hacer una palabra amable y de apoyo cuando estamos en la necesidad de un poco de alegría! ¡Qué alegría es estar en la misma longitud!

Donde las barreras más bajas, las barreras más ventosas. ¡Sea un ganador en su propia vida y entre otros que pondrían bloqueos en el camino de su éxito, alegría y abundancia! Suavemente, pero con firmeza, separe usted mismo de aquellos que no pueden ver los obstáculos para los obstáculos. ¡Elija rodearse sólo de aquellos que tienen, y más adelante, una actitud de ganas!

¡Hay tantas oportunidades disponibles en la vida! Debemos ser prudentes cuando se trata de elegir con quién compartimos nuestras oportunidades. Asumir con personas que se centran en los aspectos negativos de la vida puede influir en nosotros para pensar como ellos lo hacen. Pero lo contrario también es cierto. Cuando gastamos nuestro tiempo exacto con atención, pensamientos hacia adelante, ¡nuestras perspectivas se fortalecen! ¡Los resultados son una vida más feliz y productiva!

En el momento, no creemos que un asociado pueda estar alejándonos de la situación por igual. Quizás el anuncio es de larga data, y no comenzó a ser negativo. A medida que avanza el tiempo, las actitudes y las preferencias de las personas cambian. ¡Alguien que fue una vez un partidario puede convertirse en una piedra de molino alrededor del cuello mientras se esfuerza por nadar contra la corriente!

¡Nuestro futuro está en nuestras propias manos! ¡Lo que se convertirá es determinado por las decisiones que tomamos! Nuestra combinación única de personajes de la vida debe ser elegida con gran carátula. ¿Tomarías una mascota que es hostil hacia ti? ¡No en tu vida! De la misma manera, opte por no relacionarse con alguien que socava su dignidad y belleza. ¡Solo la participación en la participación puede ayudarlo a obtener alegría y abundancia!

CAMBIE SUS CREENCIAS: UNA CURA PARA EL PENSAMIENTO EXCESIVO Y LA PROCRASTINACIÓN

Ha sido siempre que la forma en que usted piensa afecta cada aspecto de su vida, teniendo en cuenta sus relaciones con su salud. La forma en la que piensas es muy infligida por tu optimista. Usualmente, tus creencias están influenciadas por las cosas que te enseñaron a crecer. La mayoría de las personas tienen dificultades para mostrar sus bendiciones antiguas y relacionarlas con nuevas y más saludables. Su felicidad infunde la forma en que se siente en el día a día. ¿Se siente abrumado por los sentimientos de la tierra, el estrés, la angustia y la ansiedad? Probablemente así, y si lo hace, ¿qué es lo que le ha hecho creer que debe seguir de esta manera?

¿Te sientes como si estuvieras atrapado en una rutina? Sobre todo si algo invisible parece estar reteniéndote, pero ¿no puedes poner tu dedo en lo que es? Lo que te está frenando es tu forma actual de pensar. No todo el mundo es divertido, pero no se necesita mucho para descubrir las relaciones de la vida. Si continúa haciendo lo mismo que siempre ha hecho, no va a ir a ningún otro lugar que no sea donde se encuentra actualmente. Todo el mundo quiere sentir el amor, el bienestar y la felicidad en general. Cualquier fuente de negatividad en su felicidad, posiblemente, puede ocultar estas desventajas positivas de entrar en su mundo. Tan pronto como eliminas tus antiguas creencias y las vuelves a colocar con formas más positivas de pensar, reconoces el poder que tienes dentro de tu propia mente para enviar a los únicos enemigos que te gusten. Cambiar tu felicidad te ayuda a involucrarte como persona, reemplazando casi todas las partes autodestructivas de tu personalidad por algo mejor. Es posible que no se haya dado cuenta de que usted era el único que le impedía conseguir ese trabajo que siempre deseaba o hacer lo que siempre había soñado. No es ninguna cosa en particular sobre usted lo que le impide comprender lo que quiere en la vida, pero las ventajas de que lo disfrutan. A medida que su visión exterior cambia, su visión interior también mejora cualquier cosa en particular acerca de usted que le impide comprender lo que desea en la vida, pero las ventajas que usted presenta. A medida que su visión exterior cambia, su visión interior también mejora cualquier cosa en particular acerca de usted que le impide comprender lo que desea en la vida, pero las ventajas que usted presenta. A medida que su visión exterior cambia, su visión interior también mejora a través de la transmisión interna. ¿Alguna vez has conocido a alguien y luego te has metido en ellos más tarde y te has dado cuenta de que parecían una persona completamente diferente? Eso es porque el cambio comienza en el interior.

No hay forma de que pueda comenzar a sentirse diferente de su vida diaria, a menos que usted haga algo al respecto. Desafortunadamente, no se puede hacer nada hasta que sepa qué hacer. El cambio es necesario en un mundo que está lleno de desaparición y atractivo.

INTRODUCIR HÁBITOS PARA DORMIR NUEVOS Y SALUDABLES

Saludamente, los hábitos de disipación proporcionan una sólida base para su salud en general. Todos necesitamos deslizarnos, ya que el deslizamiento se muestra muy bien en nuestra vida cuando no somos capaces de ponernos fin al trabajo o en casa a un nivel de funcionamiento completo.

Sleep es una opción tan única. Incluso con todas estas investigaciones, hoy en día no se puede decir con certeza por qué las cosas se escapan o se escapan las indulgencias. La fidelidad y la bondad del deslizamiento son muy importantes. Su selección de horas para la relajación también es muy importante

La mayoría de las personas ven su capacidad (o incapacidad) para lograr una soledad impresionante como pura suerte de la suerte. Es como si estuvieras pensando en que un sueño hada se apaga y un chico afortunado se siente triste con una noche llena de sueños que nunca se sorprenderían en el peor y peor de los sueños de la tierra. no es mucho lo que podemos hacer para cambiar nuestra grasa.

Sleep es uno de los aspectos más creativos de la salud en general. Aquellos que no tienen suficiente de esto sufren de un tipo de participación mental, claridad, fuerza, productividad, equilibrio emocional, creatividad y vitalidad física. Se dice que la revelación prolongada desempeñará un papel en la salud, ya que se trata de lo que ganamos, más y más, y por lo tanto, la atención problemas de manipulación), habilidades motoras deterioradas, trastornos cardíacos y un mayor riesgo de desarrollar trastornos entre muchos, muchos otros problemas.

¿Cómo sabe si tiene hábitos de sueño saludables? Es realmente muy simple. Sólo tiene que preguntarse algunas cosas. ¿Cuando te levantas por la mañana, te sientes como si estuvieras pasando una buena noche? ¿Tiene al menos 5-8 horas de descanso por noche? ¿Te sientes despierto todo el día? Si responde a todas estas preguntas, entonces es probable que tenga hábitos de sueño muy saludables.

¿Pero adivinen qué? Hay algo - de hecho, hay muchas cosas - que puede hacer acerca de lo que desea. Esto es lo que los investigadores quieren que sepas. Tienes que afrontarlo: no puedes deletrear la palabra "dormir" sin la voz de zzz ...

Si tiene problemas para pasar la mayor parte de las noches y luego tenga fruición, ansiedad y dificultad en la diversión de las cosas hermosas, de cualquier manera. Mire su hábito de dormir.

Sí, la contribución de la buena salud a la buena salud ha sido conocida por sus bondades. Al mínimo, en efecto, la suerte empeora ya la salud y, en general, es inevitable que se corra el riesgo de sufrir enfermedades y otros trastornos médicos. Los especialistas en sueño comúnmente preguntan acerca de la relajación diaria.

Otro factor que puede afectar su hábito de deslizamiento es su mejor momento. Hay muchas formas diferentes de obtener ayuda para aliviar las dificultades. Debe asegurarse de irse a la cama lo suficientemente temprano. Si sabe que tiene que levantarse en un momento determinado, asegúrese de ir a dormir lo suficiente como para obtener la cantidad de horas de descanso que necesita en la noche, además de dormir un poco más, ya que no se puede dormir más. que desmayarse cuando sabes que necesitas estar tranquilo en ese momento. Cuando tienes problemas para caerte y te quedas en cama por un tiempo prolongado, es probable que Conseguiré mejor ahora. Demasiado tiempo acostado en la cama sólo agregará frutos y, por lo tanto, empeorará la sensación.

No espere demasiado tiempo en la cama, será mejor que se acueste más tarde o que se despierte más tarde. Por lo tanto, cree una silla deslizante. Menos tiempo en la cama le hará caer más fácilmente y una buena pausa creará una buena convivencia para usted.

Otra serie de formas que le ayudarán a tener hábitos de relajación saludables es la de asegurarse de que sus hábitos de relajación sean correctos. Hay muchas cosas que puede hacer en su habitación que le ayudarán a bajar mejor en la noche. Por ejemplo, asegúrese de que es muy oscuro cuando vaya a dormir. Todos los dispositivos electrónicos que tenemos en nuestro dormitorio pueden dejar realmente un poco de brillo en la habitación incluso una vez que apague las luces. Si puede hacer que la habitación se oscurezca por completo, se caerá más allá y se deslizará mejor en la noche.

Tener un sueño cómodo para deslizarse es uno de los aspectos clave del sueño agradable y hay muchas cosas que componen una buena cama. Créalo o no, seleccionando la altura aproximada de su marco juega un papel en cómo se siente en la situación. Es importante comprar una cama que no sea demasiado corta o demasiado alta para sus necesidades. La metáfora es otra parte importante de una buena relación.

Sin embargo, otra forma de ayudarle a conseguir hábitos más saludables es asegurarse de que está preparado para ir a la calma en la noche. Por ejemplo, consiga usted mismo en un lugar. Usted debe mantener esta rutina constante en la hora de dormir no solo durante las semanas, sino también durante las semanas. Vaya a deslizarse a la misma hora cada noche y levántese a la misma hora cada mañana. Divertirse durante la semana es inevitable, pero su cuerpo seguirá siguiendo su horario de la semana. Si mantiene el mismo horario, será mejor para usted que se caiga. Una manera fácil de crear este buen cronograma es notando las razones que le da su cuerpo, como el momento exacto en el que siempre se siente despreocupado. Una vez que se vuelva, no vaya a ser regular en el momento en que no se sienta somnoliento, terminará con problemas.

De esta manera su cuerpo se utilizará a la hora en que se va a dormir y se despierta, y se dará cuenta de que es mejor hacerlo. Si cree que necesita cambiar su hábito de dormir, hágalo poco a poco.

De acuerdo con esta visión, también puede desarrollar una rutina de bienestar. Esta es una forma de relajación que le hará relajarse. Cuando haya comenzado con su bendición constante, puede comenzar a hacer varias cosas que lo hacen sentir relajado.

Si le gusta la música, escuche a alguien tranquilo y tranquilo. Si leer está bien para usted, lea un libro antes de caer. También puede hacer ejercicio o hacer algún otro ejercicio de relajación. Estas actividades le darán una señal a su cuerpo de que es el momento de bajar. Una cosa que debe considerar, no haga actividades que lo harán sentirse feliz. Esto sólo creará ansiedad y estrés.

¿Cuánto Sleep necesitas?

Una persona adulta sana necesita 6-7 horas de sueño. También es importante tener un lugar para dormir persistente. Los niños, las personas de edad avanzada y las personas que padecen enfermedades pueden perder más tiempo que siete horas. La persona de todas partes, que se pone entre la cantidad recomendada para su edad, tendrá más de 267.200 horas de descanso (aproximadamente 33 años) por 75 años.

Más sobre deslizamiento diurno

El descanso diurno es perjudicial para las personas sanas, mientras que se recomienda para las personas que están adoloridas después del sexo, la tensión física, la relajación, el viaje largo, el frío, la debilidad, la debilidad, la debilidad, la debilidad, la debilidad, etc. prepárese, prepárese para el sufrimiento de lo que pasa, el hambre o la ración, puede que se escape durante el día. El día que duerme no es saludable para las personas obesas; personas que comen grasa en una base diaria; personas que sufren de toxinas; y prepárate para las enfermedades de garganta.

Sleeplesssnesss o insomnio

Una gran temática, la vejez, las enfermedades, las perturbaciones mentales, el olvido, etc., causa soledad y este es el principal de este capítulo. Puede causar otros problemas de salud como la fatiga.

Para una buena noche de deslizamiento

Tener una nuez o verlo en la cabeza y en todo el cuerpo antes del baño es bueno para promover el sueño. Muestre la parte inferior de su fiesta con sésamo antes de ir a hundirse; puede hacer que se deslice y puede curar los problemas.

Acerca del uso de pastillas deslizantes

Nunca recomendaré el uso de pastillas para sorber. En lugar de dormir, usted puede intentarlo, meditar, viajar a otras localidades y las técnicas para llevar su mente bajo su control. Tener un estilo de vida equilibrado puede ayudarlo a obtener horas normales de descanso. Pensar demasiado provoca deslices, lo que lleva a varios otros problemas. Por lo tanto, tener buenas cantidades de deslizamiento es importante para una mente y un cuerpo saludables.

CÓMO DISFRUTAR DE LA TRANQUILIDAD Y SUPERAR LA DEPRESIÓN Y LA ANSIEDAD

Teóricamente hablando, la mente es un aspecto de las características reconocidas que no puede abordar, ser exacto, pensar, juzgar y pensar. No hay sino una palabra para describir la mente, 'hermosa'

Los problemas de la mente no se pueden resolver al nivel de la mente. ¿Cuáles son los problemas de mi mente?

Inseguridad, inquietud, ansiedad, desconexión de la razón, una sensación de aislamiento, participación, participación durante la mayor parte de la vida, participación en la mayor parte, más grande, más grande. Para completar la FALTA o la BRECHA, que esnada. Sólo está en la mente. Realmente no buscamos nada. Estamos realmente creados por nuestro creador. Estos espacios y carencias son todas las fallas, fantasmas, creados por nuestra mente. No existen en realidad. El momento en el que se da cuenta de que no le interesa nada; todo el mundo te pertenece.

Todos sabemos de la mente como algo que exista, pero que no exista. Lo oímos ser llamado 'no compatible' o 'intangible' y un hogar completo de otros términos. Pero a decir verdad, la ansiedad de la mente es algo que nunca puede ser cuestionado. En caso de duda, mire a su alrededor. Todo lo que ves desde el calor hasta la televisión es algo que proviene de una mente humana. ¡No el brain! Por fin.

No nos falta nada. No necesitamos una sola cosa para completarnos a nosotros mismos. Entonces, ¿de dónde viene esto, esta falta viene de? Recuerda; Es todo el ego generado. Realmente la mente es un instrumento de la Ego y quiere hacernos su insistencia. Ahora nos toca a nosotros. Tenemos dos opciones; De lo contrario, controle nuestras mentes o déjese controlar por ellos. Si vemos a través de la mente en términos dominados, entonces vemos lagunas y lagunas y antojo y comprensión en cualquier lugar. Me refiero a que nos comparamos con otras personas de mayor estatus o de viaje o de placer o muchas y en particular nuestra confianza se ha ido y estamos sumergidos en una sensación de complejo de inferioridad. Así que tenemos que dejar nuestra mente, tenemos que dejar nuestro ego. Entonces, ¿cuál es el ¿solución?

Recuerde que dije antes en este capítulo "los problemas de la mente no se pueden resolver en el nivel de la mente" ¿Qué significa esto?

Parece que tenemos que movernos

Cita 5:

" Eres un ser superior a tu mente "

Empiece hacia arriba. Tenemos que aceptar un nivel sobre el nivel de la mente. Y que es eso? No es bueno. Significa que tenemos que apagar nuestra mente. Tenemos que desarrollar el hábito de escuchar los pensamientos que genera incesantemente, como un observador. Tenemos que convertirnos en observadores de nuestros pensamientos. Los momentos en que simplemente nos sentamos en un lugar seguro y solo observamos las ideas que nos vienen a la mente, en gran parte; sin emitir un juicio sobre si tienen razón o no, en ese momento la mente se aferra a nosotros. Nosotros y nuestra mente se convierten en dos entidades distintivas. Apenas salimos de la idea de que SOMOS NUESTRA MENTE. No tenga en cuenta que no es su mente. Estás siendo más alto que tu mente. Usted es un ser que puede observar, corregir, controlar y dirigir su mente. ¡Es por eso que se nos llama SERES humanos! La mente es un insistencia soberbia cuando se usa normalmente, pero si no es capaz de detener la respuesta incómoda y las ideas que vienen en su instrumento del corazón, sin pensarlo bien. Te ha controlado. Usted ha llegado a su atractivo. ¡Te ha dejado! Indudablemente, la persona del otro lado de la pareja está enojada y quiere tener algo de paz y tranquilidad. Este tipo de forma de encontrar el lugar de la mente es excelente, una de las cuales es irreal y obvia.

Ahora la pregunta naturalmente surge, ¿cómo resolver todo esto ?. ¿Cómo entrar en este estado de NO-MENTE cuando queramos? La respuesta debe ser de MOMENTO PRESENTE. No ser una persona límite; ser una persona cumplida; ser una persona comprensiva, encantadora, sincera, retrasada, apasionada y contenta en el momento presente. El momento presente es un gran momento para la mente y el progreso. La Mente no puede soportar el momento presente. Básicamente, lo lleva a usted al momento en el que se produce culpa y se acerca o al futuro que causa tensión, estrés y ansiedad. En el momento en que te concentras por completo en el trabajo que tienes a la mano, el momento en que estás completamente y completamente satisfecho de lo que estás haciendo en este momento, se ejecuta fácilmente. Se esconde en el fondo y sientes tal alegría, serenidad, calidez que no se puede expresar con palabras y solo se puede sentir de forma precisa.

Hay otra manera de tener el lugar de la mente y la grandeza de aspirar a la persona. Es una mente consciente tranquila.

Estar enojado y perturbado e incapaz de tener un momento de la mente lo mantendrá despierto noche tras noche.

Cuanto más tiempo persista, más agradables serán los daños que terminarán siendo.

Puede llevar a buscar cómo superar la desilusión y otras cuestiones relacionadas con la ansiedad.

Tener paz mental

Todo este pensamiento inalcanzable contamina la mente necesariamente. Apriete su mente de todas estas habitas desfavorables y comience a tener paz mental en la vida diaria.

No deje su mente vacía por mucho tiempo para evitar que vuelva a aprender a lo imposible.

Siga dejando pasar todos los pensamientos increíbles al vaciarlos de su mente y tener paz mental con ideas favorables y motivadoras.

Al interpretar este procedimiento, usted está eligiendo excelentes hábitos dirigidos a mantener su mente desprovista de pensamientos desfavorables y llena de emociones interesantes y divertidas.

Intente imaginar escenas pacíficas en su mente. Inicialmente puede visualizar en su mente una playa que está siendo bañada por el trópico en la soledad.

Todo parece ser diferente, similar a una mente trastornada.

Una mente problemática parece una tormenta en tu mente. Mi objetivo es construir una estructura fuerte de atributos positivos, de modo que cuando otra persona golpee tu mente, estés preparado para enfrentarla.

Así es como su mente debe ser, hermosa, de modo que pueda usarse para tener paz en la mente en la vida diaria.

Puede que le gusten las charlas grupales en las que la decisión se centra en cómo encontrar la paz de la mente en el amor con el amor, el lugar y la alegría.

Cuando digas: "Quiero paz mental".

Si usted cree que es suyo, algunos momentos de soledad pueden ayudarlo a tener paz mental.

Recoja libros para encontrar la paz de la mente y recuerde que puede seguir adelante y puede tener la capacidad de diferenciar otros pensamientos para elegir su actitud.

Al repetir este proceso, usted está practicando las habilidades de las personas exitosas, y manteniendo su mente totalmente libre de ideas desfavorables y llenas de emociones positivas para alcanzar el lugar ideal.

Recuerde que una mente que lucha es como una tormenta en su mente.

PODER DE LA MENTE INCONSCIENTE

Profundice en una parte final de su mente, mientras que la parte posterior de su mente es más segura, la parte incógnita, que alberga su verdadera identidad. Esto no es real, pero cree que lo es y cree que está relacionado con su identificación.

El ego se ha convertido en un cuerpo, llamado humano.

En otras palabras, su propia identidad es una parte de su totalidad, y eso es lo que le gusta y lo que le gusta, lo que piensa es el mundo real, y lo mejor de todo es.

Cada parte se compara siempre para crear tu carácter. En esta área en la que sueña con ilusiones, usted está comprometido, descontento, pero tiene acciones automáticas que suceden.

Un atributo de las personas exitosas que han caminado por esta Tierra es que tenían el control de su ego en lugar de dejar que el ego los controlara a ellos.

A veces, estás fuera de edad, ya que las incógnitas reconocen muchos elementos que desencadenan tales ataques.

Sin embargo, un ejemplo de las actividades de la mente inconsciente se mantiene en mente mediante las prejuicios que a menudo son resúmenes.

Lo que sucede es que sus incógnitas envían una señal que se canaliza a la mente sublime. Los dos de estos tipos se unieron por un momento y se lesionó una idea insensible en su mente.

¿Cómo puedo entender cuándo está interactuando la mente inconsciente?

Usted puede observar las segundas garantías del poder de la mente con una mejor y constante respuesta de las garantías.

Tenemos decisiones automáticas provenientes de la mente incómoda, que es especialmente importante en el movimiento, pensamientos y acciones imprevistas. La respuesta refleja nos hace, sin darnos cuenta, reaccionar ante estas señales.

¿Cómo puedo gestionar estas acciones automáticas?

Usted no puede controlar estas acciones, a menos que las señales estén enviando mensajes negativos. Debido al hecho de que estamos afectados por las direcciones y los impactos, para descubrir estos aspectos más positivos, necesitamos aprender a comprender por qué tenemos ciertas razones específicas o hacemos esas cosas.

¿Debería permanecer despierto todo el tiempo para descubrir los secretos del poder?

No, no en absoluto, parte de la revelación de estos secretos de la mente es entender por qué su cuerpo, o ego, necesita lo mejor.

Uno de los mejores métodos para lograr que usted tenga el poder de la mente en lo que se refiere a lo que cree es usar en voz baja para dejar pasar tales travesuras mágicas.

Si conocemos esta identidad homogénea, nos ayuda a formar una mejor visualización, que se construye con seguridad en sí misma, en igualdad de condiciones y en una imagen mucho mejor. Es el período de avance social y de carácter lo que se adelanta en las opiniones de otros creyentes.

Usted vería que el brân tiene una sensación de crianza si usted entiende la mente. Esta es la segunda parte de las resistencias en la mente incógnita, lo que, por lo general, nos gusta a nosotros mismos.

Abajo en las profundidades de su mente anterior está la mente inconsciente donde su mente cree que lo que es seguro para usted, que alberga el ego que cree que puede controlarlo.

Debe encender la luz en su Ser real y luego seguir sus instrucciones.

La mente se resuelve sobre la mente incógnita. En la estructura de la mente inconsciente, usted distinguirá la mente natural entre las personas más creativas y las más profundas a través del desarrollo social y particular.

¿Cómo es así? Al comprender sus acciones corporales, puede traer la mente y el cuerpo a la armonía. Sin embargo, no obstante, el cuerpo solo hace exactamente lo que dice la mente, por lo que es esencial que desarrollemos el control.

MALA RELACIÓN: ¿CÓMO PUEDE AYUDAR EL ENTRENAMIENTO DE ONDAS CEREBRALES?

Cuando estás en un mal relato, ya sea con un amante, un amigo, o tal vez incluso con una parte, tiendes a centrarte en su comportamiento en lugar del tuyo.

Oras por ellos para que cambien, para que sean diferentes, todo aparentemente por nada. Todo lo que piensa es lo que están haciendo o no haciendo.

Si es alcohólico, pídales que dejen de beber. Si te están siendo infieles, te amenazan y te malinterpretan, y nada cambia realmente excepto que tu autoestima cae en las tripas.

Intenta obligarlos a ser, lo que cree que necesita que sean, en la relación.

Pensar que esto es 100% desequilibrado. Ha pasado por alto el elemento más importante en una entrega exitosa.

Ha pasado por usted mismo.

Eres la parte más importante de la finalización.

Cuando estás luchando y analizando tu situación, estás usando la onda beta con libertad y sobre el tiempo, sin pensar en lo propio, reflexionar y sorprenderte. Estos enemigos atacan su bienestar y afectan su capacidad para pensar y procesar la información y, antes de que lo sepa, está tomando malas decisiones.

El arrastre intermitente, una buena técnica de audición y / o visual, que cambia sus interlocutores dominantes por las relaciones de la franquicia después de la separación, puede cambiar sus interrelaciones dominantes.

Las recomendaciones específicas pueden cambiar la calidad de su corazón, haciendo nuevos recorridos y nuevos caminos nuevos, cambiando la forma en que se siente a gusto.

Cómo la participación de las ondas cerebrales te ayuda

- Te sintoniza en el lugar más grande, estimulando tu intuición, ayudándote a tomar mejores decisiones.

- Se bloquean altos niveles de la parte superior del cuerpo humano, lo que detiene el daño al cuerpo y al cerebro. Su memoria mejorará y usted pensará más claro.

- Oxycotin, la unión / amor es realmente fascinante y fascinante como usted piensa en pensamientos fuertes, positivos, ayudándolos a ser amados, tal vez a ustedes mismos.

- Le ayuda con la presencia de personas solas, la inspiración y la expresión apasionada. Te sientes tan vulnerable.

- ¿Puede cambiar la agrupación en la mente subconsciente, cautivar las impresiones negativas y relacionarlas con pensamientos interesantes acerca de usted mismo en la vida y en lo que es asombroso?

- Te ayuda a sentirte mejor con las personas que se adaptan a tu vida.

- Le ayuda a decir que no, estableciendo los límites de la psicología.

- Equilibra la actividad en su interior para todo el mundo pensando.

- Hace que seas más resistente al estrés y tendrás menos fobias sociales.

- Diversa la necesidad de complacer.

- Le quita el placer de estar solo.

- Desintoxica el cuerpo, fortaleciendo su sistema cardiovascular, endocrino / inmunológico y nerviosismo que conduce a la Posibilidad de mejorar la salud sexual, el rejuvenecimiento y la longevidad.

- Disminuye la seguridad en la sangre.

- Reduce la ansiedad y la ansiedad.

- El arrastre brillante puede ayudarlo a transformarse en una persona más sana, más fuerte y segura que puede evaluar mejor si su interés es importante o no.

- A veces, cuando comienzas a amar por ti mismo, la otra persona puede de repente no tomar nota y gustarle lo que ven, atrayéndolos para que cambien algo de lo que tienen de especial. Y a veces, cuando comienzas a amarte a ti mismo, el otro puede irse porque no puede llevarlos a tu vibración de salud.

De cualquier manera, es una actitud de ganar-ganar para usted.

PASOS EFECTIVOS PARA TRATAR CON LA SOBRECARGA DE INFORMACIÓN

¿Alguna vez se ha sentido como si sucediera demasiado al mismo tiempo en su esfera empresarial y que era muy probable que se perdiera la buena suerte de una vida? Bueno, esto no es sorprendente; lo que cada uno piensa que es un gurú y vende productos y lugares que juran que funcionarán. Te quedas perdido, inseguro y siempre perdiendo ofertas realmente buenas solo porque no las notaste en el flujo.

La sobrecarga de información es un problema al que nos enfrentamos una gran cantidad de personas cada día. Esta es una de las mayores preocupaciones de la época moderna y digna y es algo que puede tener un efecto revelador en nuestra salud y en nuestra madre.

A pesar de esto, muchos de nosotros no describiríamos nuestro sufrimiento como si sufriera la enfermedad, simplemente porque no sabemos realmente qué es.

La información en general, también conocida como 'fatiga infrommativa', básicamente describe una situación en la que empiezas a sentirte abrumado por la enorme cantidad de datos que quieres tratar.

La mayor parte de esta información es toda nuestra técnica. En cualquier momento en el que usted podría estar mirando en múltiples puntos diferentes, puede que en algún momento usted esté esperando que no se le ocurra nada de su asombro. Eso es una gran cantidad de datos diferentes, todos los cuales requieren concentración y todos pueden crear al menos una pequeña cantidad de esfuerzos.

El brazo es un órgano muy único del cuerpo que puede tomar una gran cantidad de información, generalmente en términos de seguridad, pero también puede referirse a grandes cambios en su conjunto. Bueno, no es bueno. Existe el factor de diferencias y uniones humanas.

Lo que nos sucede a los seres humanos es que podemos tomarnos en serio y seguir siendo capaces de encontrar estos fragmentos de información hasta que nos llevemos a la corriente y nos llevemos más lejos. El resultado es estré s y deleted energy. Te quemas en algunos casos, también.

¿Cómo puede saber si realmente está sufriendo de infidelidad en todos los casos o si su más estricto y antiguo "estruendo"? Le sugiero que se tome un momento y reflexione sobre estas preguntas.

Echemos un vistazo a específicamente cuáles son los signos principales y cómo podría estar afectando su vida.

1.   ¿Siente con frecuencia dolor, físico o mental, cuando se enfrenta con demasiada información?

2.   ¿Se siente algo cansado y agotado? ¿Ha perdido el entusiasmo por la vida?

3.   ¿Se da cuenta de que parece que tiene más dolores de cabeza y se siente más frustrado con mucha más frecuencia?

4.   ¿Es más difícil gestionar su tiempo y sus emociones?

5.   ¿Es llevar a sus hijos a la escuela, lidiar con las garantías del trabajo y todas las sorpresas y los defectos de la decisión al tomar las decisiones?

Por lo tanto, los signos y síntomas de la sobrecarga de información tienden a ser algo similar al estrés general / fatiga suprarrenal.

Lo que hay que reconocer es que cada vez que estás enfocado en tu mirada, o te sorprende algún tipo de nada, esto es muy estresante. Al mismo tiempo, requiere energía mental, que por supuesto es una respuesta finita.

A continuación, esto puede hacer que te sientas desgarrado y "quemado". Al mismo tiempo, verá los símbolos de las estrías de crónicas como:

•   Aumento del estrés grave.

•   Garantía de sangre.

•   Tierras.

- Mucho más.

Sin embargo, también puede encontrar que comienza a cansarse de seguir enfocándose y tomando decisiones, lo que en última instancia puede dejarlo muy drenado y hacer las cosas difíciles para que pueda continuar enfocándose y tomando decisiones con respecto a los demás. De esta manera, puede encontrar que es más lento para tomar decisiones (es postergar), que está menos motivado o incluso que sufre con la confrontación y la visión deteriorada.

Si you find that you Tienes no motivation in the evenings, that se siente incapaz almost of the making incluso smallest decisions, or that are que constantly stressed - consider just how much information you are trato con during the día!

TRATAR CON LA SOBRECARGA DE INFORMACIÓN

Podrías tener un suspiro de tranquilidad porque todavía hay una forma de información en general o, en el mejor de los casos, por encima de ti. No debe preocuparse de que pueda perder su cabeza demasiado mucha información y no dejarlo sin más espacio para dar cabida a conocimientos adicionales de llegar a su propio sistema.

Comprenda el nivel de capacidad inflexible de su cerebro. El cerebro puede asemejarse a una parte, pero una parte también tiene su tercera parte. Usted necesitaría eliminar el agua necesaria para el parte de poder tomar agua en una nueva etapa,

Lo mismo ocurre con el cerebro. Déle tiempo para asimilar y procesar la información. Cuando esta información ha llegado a suceder, simplemente le gusta cómo extrajo sus A, B y Cs, se dará cuenta de que puede tomar nuevos conocimientos para que se conviertan en segundos.

Cita 6:

" Dale a tu cerebro períodos de descanso ".

piel para ti. Es decir, no tiene que recordar la información con dificultad.

Además, los nuevos avances que han surgido gracias a los avances en las tecnologías se han convertido en herramientas para ayudarle a recordar las cosas que tiene. Si tiene datos extraños, digamos, en situaciones de peligro, impulsos, etc., debe considerar la carga de recordar cosas y sobrecargarse.

Todos estamos cada vez más conectados a los instrumentos tecnológicos: herramientas que creemos que ayudan a mejorar la productividad en general. Creo que muchas personas que sufren de información en general son toda la tecnología para ejecutarlas en lugar de la otra forma. Más tecnología no siempre es la respuesta, no importa cómo estemos escritos o desarrollados. Todos creamos un software nuevo, y consideramos que este es mejor que el otro sin siquiera intentarlo, basándonos en nuestros juicios únicamente en su lugar, entre el otro y el otro. ¡Así que mi idea es libre! Pruebe los que le atraigan, compre los que le gusten pero no lo supere. Utilice sólo el software necesario y haga el máximo usted mismo.

Así que aquí hay 5 pasos sencillos para hacer que su vida sea mejor:

1.   Olvídese de tratar de memorize cosas; Mantenga su mente y sus pensamientos limpios.

2.   Sepa que casi todos los conocimientos conocidos se encuentran en algún lugar del interior.

3.   Sólo necesita algunas ideas básicas para trabajar de manera eficaz con la información y la tecnología.

4.   Las preguntas frecuentes (preguntas frecuentes), cómo y otras explicaciones y enunciados le dirán cómo hacer casi cualquier cosa.

5.   Puede encontrar casi cualquier información o idea que necesite a través de ciertos aspectos, como Gogle, Bing y Yahoo.

Dado que la información y la técnica son cada vez más rápidas de lo que cualquier indivíduo puede mantenerse al día, es importante comprender que, tal vez, se necesita una gran ayuda.

Por lo tanto, si desea cambiar su actitud, tendrá que cambiar su especialidad. Necesitará aprender a pensar y ver las cosas de manera diferente.

ELIMINAR LA SOBRECARGA DE INFORMACIÓN

Si alguna vez ha experimentado una punzada de sobrecarga de información, aquí hay una solución única que llegará a la raíz del problema de una vez por todas. De lo que puedo ver; La mayoría de las soluciones recomendadas son Band-Aids en el mejor de los casos. Eso es porque sólo se ocupan de los problemas que estás sintiendo y no de la causa raíz, por lo que nunca se sienten realmente mal una vez y para todos.

¿Regresó cuando estaba en la escuela, nunca se puso nervioso antes de una prueba?

Casi todos los que me han preguntado siempre han dicho "sí". Principalmente porque siempre hay algo malo acerca de la información que usted necesitará comprender y sostener en su memoria una vez que se le ocurra tomar la prueba.

Si alguna vez le ha preguntado a un maestro "¿Va a ser esto lo mejor?" - como cuando tuviste que recordar los tiempos y las fechas de las batallas de la Guerra Civil en el pasado - sabes que sentir ansiedad. Por supuesto, la respuesta que estabas orando en silencio para escuchar siempre fue "NO". La razón es más clara: usted sabe lo que sabe, pero en ese momento también estaba muy consciente de lo que no sabía en la actualidad.

De alguna manera, cuando nos convertimos en empresarios, obtenemos este mecanismo de supervivencia de nuestro pasado. Rather than conseguir very clear about what we already know and what we still need to know to hacer well (como nosotros ¿Sabía cuando éramos students), Chase we scattered information from everywhere - considering all sources we think podría have algo útil share to. El único efecto es que pasamos nuestro tiempo, nuestras sorpresas y nuestro verdadero interés en la búsqueda de nuevos descubrimientos. Y en un abrir y cerrar de ojos, nos convertimos en víctimas de una sobrecarga de información.

Hay una causa absoluta por la que nuestra información al azar se acumula y está resultando en una sobrecarga de información. Lo crea o no, se reduce a la autoestima.

Usted ve, en lugar de confiar en lo que ya sabemos, nos sentimos asustados de todo lo que no sabemos. Es esta alegría la que se convierte en la mejor opción que nos desvía del rumbo. Estamos tratando de ser preparados para la prueba no -existente

que tiene todo en él y nos lleva a un enorme agujero de procrastinación que mata la productividad.

Los participantes están amparados por información. No todo es beneficioso para sus objetivos de negocio. Sin embargo, si intenta abordarlo todo, si siente la necesidad de entrar y retomar toda la información, perderá la vista de lo que es más importante. Usted termina sorprendido y en cualquier otro momento: la parte superior "debajo de los faros", en general feliz e incapaz de evitar una sorpresa más grave. El resultado neto de la sobrecarga de información es que disminuimos nuestra capacidad para distinguir lo bueno de lo bueno y, en el proceso, nos volvemos mediocres por nuestra parte.

A través de nuestra abundancia y ambivalencia, perdemos nuestro negocio y la rentabilidad se ve afectada.

No se convierta en un empresario paralizado confundido por los deslumbrantes faros delanteros de toda la información que se le avecina. Tiene que comprar usted mismo de la gran suerte de la verdad y solo saber lo que realmente necesita para completar su crecimiento comercial. Otra gran manera de verlo es similar a la forma en que se nos dice que busquemos a la gente. Estoy seguro de que ha escuchado el significado de "la comida es completa". Lo mismo puede decirse del papel que desempeña la reforma en su vida. Cualquier cosa más de lo que necesita, lo dejará triste, ineficaz y seguro.

Es el momento de comenzar a confiar más en sus conocimientos. Tienes que estar lo suficientemente confiado para trabajar de manera inteligente hacia tus metas, donde sea que esté un ejemplo o desarrollar un sitio web optimizado. Lo que no debes permitir que suceda es que te enfades por el miedo a no saber "todo"; el miedo de la felicidad en la base de saber exactamente lo que debe saber y lo que no sabe. De hecho, la capacidad de tomar decisiones frente a la ambigüedad; esto es un intento clave de empresarios exitosos. Su experiencia en esta área proviene de la experiencia.

Hay un anciano: "Nadie es un experto en su propia espalda". Es importante para los novatos que luchan con la ansiedad por la información.

Al igual que Boy Scouts, deberíamos "estar siempre preparados", pero no podemos suponer que seremos perfectos. No podemos "saberlo todo" y no podemos esperar que todos se sientan satisfechos de lo que hacemos, a pesar de lo que StuAllly nos dice para contarnos a todos en el: "Soy más inteligente, más bien". y maldita sea ... la gente como yo ".

Entonces, valora lo que ya sabes. Es mucho más de lo que probablemente se entregue a sí mismo. El crecimiento real, el tipo que atraviesa el mundo, se acumula con mayor frecuencia a través de su experiencia directa.

> *Cita 7:*
>
> *"El crecimiento real, el tipo que se transfiere al mundo, se acumula más a menudo a través de su experiencia directa".*

Recuerde: No puede encontrar la incertidumbre enterrándola con más información.

(La sabiduría no proviene de investigar la información, sino de buscarla a través de la experiencia personal y tomar acción al respecto. Es la acción o reacción, no la información en sí misma, lo que hace que se haga en sí mismo).

VISUALIZA EL ÉXITO PARA UNA VIDA FELIZ

Créamente la visualización es su capacidad para usar su imagen para obtener lo que quiere de la vida. La visualización le ayuda a obtener más claridad acerca de las intenciones y los objetivos. En otras palabras, usted desarrolla imágenes detalladas de usted mismo con éxito y completamente cambiando las perspectivas y resultados futuros específicos.

¿Sabe que si visualiza el éxito en su mente, se convierte en un éxito? Todas las grandes historias de éxito comienzan con la gente que claramente define lo que quieren. Si esa vista es cristalina y persiste con una fe inquebrantable, entonces el éxito está garantizado. Cuando se utiliza correctamente, la visualización puede mejorar nuestra vida y el éxito y la diversidad. Es una fuerza que puede mejorar nuestra convivencia y sus estrechas relaciones, que nunca pueden suceder; atraer dinero, visitas, trabajo, personas y amor en nuestra vida. Utiliza el poder de la mente, y es el poder detrás de cada éxito.

Para discutir esta verdad simple pero poderosa, es necesario explicar cómo podemos poner en peligro nuestras preocupaciones y sus intenciones de llevar esto a cabo. Ha sido esperado que si usamos nuestra mente consciente para infundir nuestra mente subconsciente, cualquier cosa y todo es posible y no se puede. Los pensamientos, cuando son suficientes, hacen una impresión indeleble en nuestra mente subconsciente, que luego cambia nuestra percepción para llevarnos a nosotros en contacto con un nuevo plantel y un nuevo plantel. Potentes pensamientos automáticamente, incluso enlucidos, mostraban imágenes en nuestras mentes. No podemos pensar sin imágenes simultáneamente, y cuanto más fuertes son las ideas, más realistas se vuelven las visiones. Pensar y visualizar cuando se hace con entusiasmo, tiene un efecto poderoso en nuestra capacidad creativa. Destaca nuestra distinción y atrae como curiosidades, bienes personales y materiales en nuestra vida. Se comunica a sí mismo con otras personas que pueden ayudarnos a lograr nuestras metas y deseos. Puede parecer mágico, pero es una ley de la naturaleza y un hecho bien conocido que los pensamientos materializar. Cuanto más se combinan nuestros pensamientos y nuestra felicidad con la emoción, más poderosos y efectivos se vuelven.

El primer paso para crear lo que desea es determinar exactamente qué es lo que desea. Suena simple, pero no siempre lo es. Para que un sueño se convierta en un gol, se requiere claridad y detalle. No es suficiente con tener una idea vaga de lo que quieres. Tienes que definir tu objetivo más allá de querer más energía, mejor salud o perder peso. Tome su concepto de lo que quiere, fíjelo, defínelo y defina exactamente lo que le parecería a usted.

Para ayudar a aclarar nuestros pensamientos y nuestra felicidad, debemos tratar de transmitirlos a las afirmaciones que podamos recordar a nosotros mismos en cualquier momento. Debemos seleccionar aquellas afirmaciones que mejor reflejen nuestros sentimientos y que más se acerquen a nuestra imagen. Si es necesario, escriba algunas listas de estas afirmaciones firmes y reduzca hasta que se quede solo con las más importantes. Automáticamente, elegirá los sentimientos que resonarán más profundamente. Ahora, sus seres más queridos están satisfechos con frases afirmativas, escenas vívidas y motivos de colores. Este es un cóctel poderoso, ¡así que mejor! Estás en camino de hacer realidad tus sueños y desgracias.

Si es correcto, recuerde lo que sucede cuando sucede lo contrario. Las personas que son atrayentes y simpáticas sufren de forma invariable las consecuencias negativas y las experiencias que temen. Estoy seguro de que puede pensar en uno o dos de este tipo de personas.

Hemos arraigado pensamientos e imágenes mentales de todos los aspectos de la vida. Esta es nuestra realidad y muy a menudo creemos que estamos satisfechos y debemos aprender a sobrellevarlo. Sin embargo, es sólo la forma en que nos gusta; es nuestra comprensión y perspectiva más cercana lo que nos está atrayendo. Es nuestra creencia absoluta y fiel. Si cambiamos nuestras ideas a través de nuevas imágenes mentales y afirmaciones, cambiamos nuestra realidad. No estamos cambiando cosas importantes; estamos cambiando nuestro concepto de todos los asuntos que vemos ellos. Debemos tener la certeza de que nuestras circunstancias actuales se basan en nuestras vistosas visiones particulares, cuando aceptamos este hecho y cambiamos ese sesgo, podemos crear efectivamente una mejor imagen en el futuro y en nosotros mismos. No estamos desarrollando poderes supremos aquí; simplemente estamos cambiando la forma en que vemos nuestras vidas.

Ver nuevas posesiones y salidas tomará el tiempo al principio, pero con atención constante y paciencia se convertirá en la naturaleza para ti. Visualizar nuevas situaciones y circunscripciones es una forma muy frecuente y prácticamente ilimitada. Los únicos límites son los que nosotros preferimos. No tenemos mucho dinero en el lugar, así que no pensamos demasiado. Al final de nuestros pensamientos, podemos dudar de su eficacia. Cuanto más abiertos y confiados somos, mayores son nuestras oportunidades y éxitos. Debemos atrevernos a pensar en grande. ¡Lo hice y estoy feliz!

Todo el mundo puede confirmar al familiar diciendo, "lo que puede ver y creer que puede cambiar". Ellos encuentran que al usar su creatividad visual y afirmativa, les suceden cosas buenas y positivas. Los principales talentos, desde algunas personas hasta los ejecutivos de negocios, han utilizado este programa para ayudarlos a alcanzar y mantener el éxito. Visualizar la vivencia es esencialmente tan importante como las horas de estudio o la exaltación y la precisión agotadoras.

PODER DE LA MENTE - ÉXITO Y PROSPERIDAD

Mirando hacia atrás a través de la historia, es evidente que el poder de la mente ha sido conocido por muchos. Muchas civilizaciones nuevas muestran evidencia de sus conocimientos. Desafortunadamente, algunos de los conocimientos nuevos han sido menores a lo largo de los años, pero ahora está siendo descubierto. Es mucho más preocupante tomar control sobre su vida de lo que piensa. A menudo, nos moldeamos para ser lo que otros piensan que somos. Al imaginarse a usted mismo como una persona exitosa y maravillosa, puede llegar a ser realmente exitoso. Mediante el uso de afirmaciones positivas, podemos convertirnos en quienes Siempre quisimos ser. Las personas exitosas tienen muchos de los mismos atributos en algunas ocasiones, la mayoría de las personas exitosas son la meta o la meta, son muy ambiciosas y piensan de manera interesante; La personalidad y la atención también se encuentran en ellos. Sin embargo, el verdadero éxito no se puede resolver sin felicidad. La felicidad se puede crear mediante el pensamiento positivo. Cuando piensas positivamente en ti y en el mundo que te rodea, entonces tienes la capacidad de tomar control de tu vida.

Cómo pensamos, tiene un efecto diferente en el lugar al que vamos en la vida. Si usted está constantemente pensando pensamientos negativos, entonces su vida irá hacia la negatividad. Cuando las cosas constantemente te van mal, esto es generalmente porque estás pensando muy negativamente. Esto puede ser difícil de romper, pero es algo que tienes que hacer para lograrlo. Mucho de una mentalidad para la diversidad no puede incluir el uso de tales afirmaciones. Es mejor repasar las afirmaciones diariamente; temprano en la mañana después de caminar, y tarde antes de dormir son buenos tiempos para acceder a las regiones más profundas y más agradables de la parte subcontratada.

Cita 8:

" Los pensamientos positivos atraen resultados positivos a nuestras vidas"

Si desea romper el ciclo de pensamiento negativo, puede intentar un experimento. Elija un día para cambiar sus hábitos de pensamiento. Cuando se despierte, sólo se centrará en las cosas positivas. Alégrate de que el sol se haya ido o de que tengas una casa en casa. Todo el mundo necesita pensar en las cosas buenas y disfrutar de las cosas buenas. Tenga gratitud por todas las cosas maravillosas de su día.

Al mantener pensamientos negativos en la conversación, entonces sólo tendrá espacio para pensar positivamente. Esto ayudará a crear un entorno positivo a su alrededor. Al final del día, piense atrás en el día y se dará cuenta de lo mucho que ha ayudado positivamente el pensamiento. A medida que creas tu interés vibraciones fuertes que usted atribuye cosas más positivas a sus experiencias. Puede que sea necesario empezar a pensar con alegría durante todo el día. Es un comportamiento aprendido, al igual que pensar negativamente es un comportamiento aprendido.

Es por eso que utilizamos las firmas para ayudar a volver a entrenar nuestros cerebros para que piensen de manera interesante. En poco tiempo, su hermano estará pensando en un nivel subconsciente y ni siquiera se dará cuenta. Sin embargo, llevará mucho tiempo y trabajo duro lograr este nivel, pero los beneficios son dignos. A medida que su mente comienza a pensar más positivamente, los pensamientos negativos desaparecerán. Esto también se reflejará en su vida y en las personas que lo rodean. Cuando tienes una especialidad, atraerás cosas hacia ti. La gente no notará ningún cambio en usted, y la mayoría comenzará a verlo de manera diferente.

Si está atrapado en una rutina de pensamientos negativos, entonces es hora de que use las firmas para romper el círculo. Comience cada día con afirmaciones divertidas y antes de irse a la cama también por la noche. Al plantear el pensamiento con amabilidad, mejorará y mejorará en ello. En poco tiempo su mente estará entrenada para pensar en pensamientos positivos. Esto tendrá un efecto en toda su vida. Usted puede desarrollar su mentalidad de prosperidad mediante el uso de afirmaciones de prosperidad. Se está volviendo más y más comprensible cómo el poder de la mente puede atraer las cosas a nosotros. Las afirmaciones son como ejercicios para la mente para desarrollar su felicidad y manifestación en silencio. Las afirmaciones funcionan como pociones mágicas, si lo desea, puede traer paz mental, felicidad, éxito, libertad de preocupaciones y prosperidad especial.

El cerebro humano tiene una gran capacidad y sólo usamos una pequeña parte de nuestro propietario cerebral en nuestra vida diaria. Nuestras bragas nunca se utilizan completamente porque no estamos programados de la manera correcta. Sin embargo, a través de las afirmaciones, podemos agregar partes de nuestro retrato que no estaban allí antes.

Lo que más le gusta a la niña durante la vida es lo que tiene la mayor influencia en su vida o en su vida. Por lo tanto, al decir ofensas a una edad muy joven, puede obtener más de lo que está pensando. Y las afirmaciones también se pueden utilizar para ayudar a cambiar los programas que se incluyeron en la mente en varios años. Si no comenzó a una edad muy joven, todavía puede comenzar ahora con afirmaciones diferentes, entonces puede reprogramar su hijo y luego su vida. Una vez que diga continuamente sus afirmaciones interesantes, los considerará en un nivel específico y los mostrará en un nivel secundario. Descubrirá que en las actividades diarias estará poniendo estas afirmaciones en práctica.

Cuando usted crea el estado mental de creer que quiere ser divertido en su vida, que puede tener algo especial en su vida, y que se sentirá más feliz, por lo tanto, se sentirá más feliz. Cuanto más piense en ser próspero y repita sus afirmaciones en su cabeza, más rápido podrá llegar a ser verdad, pero también es importante sentir la mayoría de las veces.

La repetición de las palabras por sí sola no es suficiente. Siéntete feliz como si ya hubieras entendido el resultado deseado, repetir las afirmaciones es esencialmente programar tu mente con pensamientos positivos. Y mucha gente se adentra en lo negativo y son estos pensamientos negativos los que gobiernan sus vidas. Si puede identificar estas ideas negativas y otros factores que le están impidiendo alcanzar la prosperidad, entonces podrá controlarlos mejor.

Cuanto más creas en tu capacidad de hacer grandes cosas y de obtener resultados positivos, mayores serán tus posibilidades de lograrlo. La persona que tenga la mente le permitirá superar cualquier obstáculo que no importe. Es fácil dejar que las ideas negativas controlen nuestra vida, una persona que está constantemente pensando en perder dinero y tiene miedo de que refleje esto en su lugar de interés, y esto es así. emoción en caso de que gane la prerrocidad. Las palabras que te dices a ti mismo siempre son lo que tu mente creerá. Si mantiene alejados todos los pensamientos negativos, entonces su mente sólo será capaz de crear una realidad de pensamientos positivos.

Si no nota un pensamiento negativo o un comentario que cruza su mente, simplemente diga "No puede eso" y como usted lo diga, puede estar seguro de que no. Puede utilizar una variedad de técnicas para ayudarle con sus afirmaciones. Una de las sugerencias son las autosugestiones que están especialmente dirigidas a las afirmaciones, se trata de carteles, mensajes de audio o recortes visuales con los que puede rodearse. De esta manera estará pensando en su pareja todo el tiempo. Asegúrese de que sus familiares y amigos solo tienen que ver con usted y no intente cumplir con la vida de otras personas, incluso para lograr un resultado positivo. Mantenga sus afirmaciones en tiempo presente. Si está expresando sus afirmaciones con tiempo futuro, siempre permanecerán en el futuro,

¡CÓMO GANAR CONFIANZA EN SÍ MISMO NATURALMENTE Y VIVIR UNA VIDA FELIZ!

La confianza en uno mismo es importante en la vida, no importa lo que desee lograr. Si desea obtener una educación, un mejor trabajo, una feliz boda o cualquier otra cosa en la vida, la confianza se va a necesitar para lograrlo. Por supuesto, no viene naturalmente a todos. Lo bueno es que si quieres vivir una vida feliz y satisfactoria, hay formas en las que puedes construir de manera natural. Aquí hay un vistazo a algunas de las formas en que puede ganar confianza y mantenerla para que pueda obtener lo que desea de la vida.

Paso 1: crea una imagen de lo que quieres en la vida

Una de las cosas que puede hacer para ganar confianza en sí mismo es crear un lugar en su mente de lo que desea en la vida. Vea quién quiere ser, la vida que quiere y cómo va a lograrlo. Calcule lo que quiere en la vida, y luego considere visualizarlo a usted mismo en este lugar. Si los mantiene en esa imagen, tendrá la confianza en sí mismo que se necesita para lograr la felicidad que desea.

Paso 2 - Sea persistente

En caso de tener confianza en la vida, usted va a tener que ser atento. Recuerde que lo que piensa en un reglamento se está convirtiendo en una bendición y en verdad dentro de su vida. Cuando eres persistente y crees que tienes más confianza en ti mismo, puedes llevar esto a la práctica. Incluso si te dedicas a la creatividad, si lo mantienes, naturalmente puedes tener la confianza que necesitas en la vida.

Paso 3 - Escribe el objetivo

Tómese el tiempo para escribir su gusto en la vida. Escribir esto es muy importante. Cuando se toma el tiempo para escribirlo en un papel, su cerebro se da cuenta de que esto es importante. Siga mirando ese papel y su gusto. Esto no sólo le ayudará a ganar más confianza en sí mismo, pero también le ayudará a obtener la felicidad y la vida plena que está buscando también.

Paso 4 - Eliminación de la influencia negativa

Cuando usted está tratando de ganar en confianza, las influencias negativas definitivamente pueden meterse en el camino. Por eso es importante que los elimines por completo de tu vida si vas a tomar la decisión en ti mismo de lo que necesitas. Trate de deshacerse del cinismo, la alegría, el odio, el egoísmo y cualquier otra cosa negativa que tenga, comente estas cosas en usted mismo y en los demás. Usted también necesita ponerse en marcha pensamiento negative. Si crees que piensas de manera negativa, obtendrás cosas negativas en la vida, acabarás con esas indecisiones negativas y volverás a ponerlas en positivo.

Es posible generar confianza en usted. Si no está logrando lo que quiere en la vida, puede ser el momento de trabajar en su confianza en sí mismo. Utilice estas formas de obtener más confianza. Son todos naturales, funcionan, y finalmente podrá disfrutar de la vida que siempre ha querido, una vez que gane más confianza.

CONVIERTE SUS CREENCIAS NEGATIVAS EN AFIRMACIONES POSITIVAS

¿Realmente puede esperar cambiar sus sentimientos y comportamientos, borrar el pensamiento negativo y entrar en una nueva era de logros y logros mediante el uso de afirmaciones positivas? Conseguir 'desenganchar' es un lugar de interés, habiendo pasado por él unas cuantas veces, sin duda ayuda a tener la experiencia de aquellos que han convertido con éxito los patrones en los pensamientos positivos.

Ciertamente, para mejorar todo el cambio personal en un nivel masivo, cambiar tu pensamiento es brutal, una forma en que atraviesa a la gente de manera positiva.

Usar una combinación de interacción a través de la meditación con afirmaciones divertidas es una combinación extremadamente poderosa para derrotar a la mente atrayente en la mejora de la mentalidad.

Para muchos, a pesar de que han intentado hacer afirmaciones y no notaron ninguna diferencia, ¿así que funciona para todos?

Hay 3 características creativas para manifestar pensamientos adorables y resultados positivos en su vida si usa agresiones:

1.   Deben basarse en las cosas buenas y en las actividades ajenas que están en conflicto con su gusto interior y sus bondades. Si desarrollas tus afirmaciones en torno a objetivos que no te hacen creer, en algún momento secuestrarás a alguien.

2.   Debe ser consciente de usar afirmaciones. No intente probar las afirmaciones durante unos días y vea que se producen cambios más importantes en su vida. Las afirmaciones positivas afectan su vida de forma acumulativa, los resultados positivos se extenderán sobre el tiempo.

3.   Mi experiencia ha sido que usted necesita enfocarse en una breve lista de afirmaciones para un momento diferente en lugar de docenas.

Teniendo en cuenta estos principios básicos, hay algunas otras cosas sobre la creación de afirmaciones efectivas.

1)   Escriba la afirmación en la perspectiva actual. El objetivo es crear el pensamiento y los sentimientos asociados que su afirmación es, de hecho, verdadero ahora (no en el futuro ni en el pasado).

Por ejemplo, "Me alegro mucho de sentirme completamente seguro de mí mismo cuando me levanto y me paro frente a mi clase de oratoria".

2)   Escriba su afirmación de modo que "se sienta" muy deseable para usted. Cuanto más "REAL" puedas hacer una afirmación y cuanto más te hagan más feliz, feliz o parezcas divertido, mejores resultados obtendrás.

3)   Sus afirmaciones deben ser acerca de tener algo que está pensando en lugar de decir algo que no desea. Por ejemplo, no quiero sentirme cansado, debería redactarse nuevamente para que diga "Estoy lleno de las vibraciones eléctricas de la ansiedad interior y puedo entrar en un suministro infinito de infinitud ilimitada".

4)   Esté seguro con sus afirmaciones, en caso de decir "Creo que lo haré ..." o "Creo que soy enérgico ...", diga "Soy enérgico" o "Tengo bastante acceso a la energía".

5)   Be and específica describe your sentimientos ... para instance "Me am cashing mi first $ 10.000 check, disfrutando the warm feeling que gives me as I immediately contribute $ 1.000 to XYZ charity" What is crítico aquí is that que really cuadro usted mismo receiving the $ 10.000 check , ¿cómo te sientes cuando lo obtienes? ¿A quién le dices y cuál es su respuesta? ¿Qué se siente al

decidir qué caridad le va a dar a sus $ 1,000 a? ¿Cómo reaccionan su familia y sus vecinos cuando les habla del problema? ¿Qué pasa cuando ve los $ 10,000 en su cuenta de banco, qué tan feliz se siente?

La mejor parte de las afirmaciones es la conversión completa de los patrones de pensamiento más negativos a una parte interesante de las ideas atrayentes que siempre se convierte en un hábito de pensamiento negativo que se convierte automáticamente en un hábito de tu pensamiento negativo.

Utilice estas técnicas para desarrollar su propia lista de afirmaciones positivas, utilice visualmente para imaginarse que ha logrado los logros, repita sus afirmaciones al menos dos veces cada vez que su conciencia mejore durante 30 días. De repente, la fuerza de la atracción entrará en vigor y probablemente verás más abundancia en tu vida. Cuanto antes comience, antes podrá descubrir este avance fundamental en su vida.

DESHACERSE DE SUS CREENCIAS LIMITADORAS

Las creencias positivas son pensamientos e ideas negativas que se registran en su mente secundaria, estas creencias son en su mayoría extraídas de sus experiencias de toda la vida y de su vida. Se dice que son limitantes

Porque de alguna manera afectan su crecimiento y resultado de una manera negativa.

Para ayudarlo a superar sus bellezas negativas, simplemente siga estas pautas básicas para terminar con ellas para siempre.

Mantenga su creencia en el sistema.

El step saque first to off your negativo beliefs is a get to know más en your perceptions, values and ideologies en la vida, once you get la hang of ellos, differentiate them according a the standard normas de la sociedad - whether your formed beliefs are acceptable to otro tipo o se basa en su propia negatividad.

Al diferenciar sus creencias, le brinda la oportunidad de saber más sobre usted y profundizar en su propia creencia. Le permite separar muy bien las buenas ideas de sus bondades limitantes y tener la suerte de corregirlas.

Aprenda a aceptar sus bondades vivientes.

La aceptación es siempre un requisito previo, deténgase antes de que aprenda a dejar ir.

Todas sus creencias son reflejos de lo que es hoy. Lo que ha logrado y obtenido se basa en las experiencias de su vida. Sus experiencias pueden ser una mezcla de muchas subidas y bajadas. Algunas de ellas pueden haber sido experiencias verdaderas que le hicieron perder creencias.

Las experiencias negativas son inevitables. Ellos pueden cazarlo y hacerle creer que el mundo es un lugar peligroso para vivir. Estas bellezas se forman de manera incómoda y la única manera de cambiarlas es lograr que te atraigan y, finalmente, dejar ir a esas malas memorias.

Váyase y libérese de sus creencias limitantes.

Una vez que haya aceptado todas sus bendiciones negativas, es hora de que las deje ir. Salir de toda su negatividad puede hacer que se sienta feliz y rejuvenecido.

Se siente como si una piedra pesada hubiera sido removida de sus hombros, usted ve una luz al final del túnel que significa esperanza y la oportunidad de hacer un cambio significativo.

Construya creencias interesantes y trabaje en ellas.

Si desea cambiar, ahora es el momento de comenzar a construir una nueva actitud de felicidad hacia el presente, la felicidad y el éxito. Este belief recién formado servirá como una inspiración y un impulso, para ayudarle a convertirse en una mejor persona.

Crear nuevas bondades te permitirá volverte motivado y seguro de cumplir cualquiera de tus sueños. No hay nada que te detenga de la recuperación de tus goles. Se sentirá complacido y agradecido de haber superado sus creencias negativas con tan solo aprender a aceptarlas y convertirlas en personas atractivas.

Hay varios métodos sobre cómo puede superar y cambiar sus beneficios. Usted puede prever afirmaciones diarias para alejar e inculcar positividad en su mente subconsciente. Una combinación de afirmaciones positivas, visualización y autoayuda es una de las técnicas más poderosas que puedes utilizar para convertir tus bondades negativas en mejores.

EL PODER DE LAS AFIRMACIONES POSITIVAS

Hasta un momento más grande, sus alegrías y su éxito en la vida se mienten por las ideas que tuvo en su subconsciente. Las afirmaciones positivas son declaraciones bonitas que se utilizan para construir un diálogo interno atractivo. Al repetir constantemente las agresiones negativas a usted mismo, usted crea pensamientos subconscientes; estos nuevos, Por supuesto, las ideas productivas se manifestarán automáticamente a lo largo de su vida. Cada vez que aparezcan, reforzarán la nueva imagen positiva en el interior, la imagen que tienes de ti mismo y de tu vida en general. Al recordar el antiguo pensamiento negativo con los nuevos pensamientos subconscientes positivos, podrá acceder a las fuentes finales de energía positiva que tiene en usted mismo. Y podrá crear una nueva realidad divertida para usted.

Cuando utilices afirmaciones interesantes, déjate llevar por ellas. Experimente completamente cada uno. Disfrútelos. Asuma que cada afirmación es verdadera en su verdadera realidad. Sienta las emociones positivas que son apropiadas para esta realidad positiva. Esto le ayudará a hacer cambios positivos de manera más precisa y automática.

Maximiza los beneficios de usar afirmaciones positivas.

Las siguientes dos pepitas de sabiduría le ayudarán a maximizar las ventajas de utilizar afirmaciones positivas:

1.   Utilice las afirmaciones libremente. Es una de las cosas que hay que saber acerca de las afirmaciones y utilizarlas ocasionalmente, pero otra cosa es utilizarlas con regularidad todos los días durante al menos 30 días. Aunque algunos creen que generalmente se necesitan 21 días para hacer cualquier cambio perceptible en la imagen mental de uno. Para algunas personas, lleva un poco más de tiempo. Es por eso que debe utilizarlos con frecuencia durante al menos 30 días.

2.   Debe tener la intención de "expulsar" activamente los aspectos negativos que experimenta diariamente. Si usas las

afirmaciones por casualidad, pero todas las cosas negativas para dominar tus pensamientos durante todo el día, cualquier progreso que hagas será bienvenido. Por lo tanto, si encuentra que está pensando en un pensamiento negativo, simplemente "expulse" ese pensamiento y vuelva a colocarlo con uno de sus sentimientos positivos favoritos.

Las afirmaciones positivas pueden contrarrestar los pensamientos negativos.

Las afirmaciones son buenas palabras que dicen algo y, a menudo, se utilizan para mejorar los problemas de comportamiento y los problemas que pueden ayudarlo a lograr sus objetivos más felices. Pero incluso si no crees en ellos, las afirmaciones también existen en tu vida, a menudo en el marco de las afirmaciones negativas. Cada vez que te dices a ti mismo que no puedes hacer algo o que eres demasiado viejo / pesado / feo / poco capaz de hacer algo que quieres hacer, estás afirmando una afirmación negativa. Las afirmaciones positivas se crean para contrarrestar esos pensamientos negativos.

Las afirmaciones positivas se crean para establecer comportamientos particulares que usted sabe que son negativos, y lo ayudan a decidir sus logros al convencerse a sí mismo de que realmente lo hace. No puedes ganar una carrera si nunca comienzas a correr o si simplemente das la mitad del camino porque de alguna manera, sabes que estás yendo a perder de cualquier manera. Es fácil ver patrones negativos en otros, como por ejemplo, que el mal que nunca llega a ser un éxito porque nunca pide mucho más esfuerzo, pero mucho más. Al identificar las cosas que son más atractivas para ti, puedes ver qué tipo de comportamiento negativo te están deteniendo los patrones de comportamiento negativo y crear una actitud opuesta a la otra.

Muchas ideas negativas de hechos aparentemente inocentes que se te ocurrieron durante tu vida que salieron del control, o de todos los adultos que intentaban hacer algo sin hacer nada para evitarlo. Tome como ejemplo a aquellas personas que nunca logran una decisión; porque piensan que la obsesión es solo su construcción. Creer que estás soberbio porque así es la vida y tu madre siempre decía que solo tenías que vivir con ser redondo no solo es preocupante, sino que se detiene una vez. A menos que exista un problema médico subyacente, la elección de la elección se debe a una pequeña voz sobre su

La cabeza le dice que hacer dieta no va a funcionar para usted porque su metabolismo es lento, no le deja entender en cualquier lugar.

Convierta sus pensamientos negativos en una afirmación apasionada que pueda repetir con alegría y con regularidad para usted, hasta que se convierta en parte de usted. De esta manera puede realmente invitar a cambiar en su vida, y cambiar esas cosas que le ayudan a estar feliz, o limitar su disfrute. There will be siempre una certain degree of resistance, as your subconscious qué no want to change deeply seated patrones de comportamiento that en algún momento were útil, pero si you persevere you'll soon comienza a notar that and fade resistencia changes positivo teniendo efecto Ðn your vida. Esto, a su vez, lo hace más interesante para que usted se sienta feliz en el poder de las afirmaciones interesantes y su interés personal para el cambio.

LOGRAR EL ÉXITO CON AFIRMACIONES POSITIVAS

Afirmaciones son declaraciones que usted piensa o se dice a sí mismo o a otras personas que son basado en sus creencias. Estas afirmaciones pueden ser atractivas o negativas y tener la capacidad de influir en gran medida en su vida y crear su autenticidad. Usted se convierte en lo que piensa sobre la mayor parte del tiempo, en esencia, una afirmación es algo que está haciendo todo el tiempo. Todo el mundo pensó que lo pensaba y cada palabra que diga es una afirmación. Todos sus diálogos internos son afirmaciones.

Cita 9:

*"Las afirmaciones positivas ayudan a todos
a lograr la felicidad y a distraer las ideas y
hacer que el éxito sea una realidad".*

Usted puede elegir el resultado que desee al agrupar su mente con aflicciones. De hecho, la mayoría de las personas exitosas en el mundo no son muy diferentes de usted; La principal diferencia entre una persona exitosa y una persona sin éxito es que la persona exitosa ha tenido un éxito recordado, su único objetivo es el éxito y el logro y siempre se enfocan en lo positivo y no en lo negativo.

affirmations positiva be very useful to ayudarle a lograr the éxito you desire y through the regular uso of esto poderosa technique, you will comienzan to see wonderful changes en your vida que never imagined possible, con affirmations positivo, you can overcome your limiting beliefs and negative pensamientos y hacer que esto sea una realidad para usted.

Hay un pensamiento en su mente ahora. Cuanto más te aferres a él, más te aferras a él, más vida le das a ese pensamiento. Dale bastante vida y se convertirá en algo real. Así que asegúrese de que el pensamiento sea realmente excelente.

Con el fin de lograr el éxito, es muy importante que desarrolle un problema y se enfríe en las situaciones; Usted debe estar seguro de exactamente lo que está afirmando a través de sus pensamientos y de manera clara y divertida, como esas afirmaciones y afirmaciones a la vista. Estas afirmaciones tan interesantes reorganizarán su mente y le permitirán volverse más y más exitoso. Al desarrollar el hábito de usar afirmaciones positivas de manera regular y constante, sus subconscientes se adaptarán a la nueva información que se está dando. Para que sus afirmaciones sean efectivas, es importante que cree sus propias afirmaciones basadas en sus propias condiciones particulares y contrastes. Es muy importante recordar que sus afirmaciones sólo van a ser eficaces si puede saber lo que está desafiando. Son las emociones que crean sus afirmaciones las que atraerán el éxito que desea. Las afirmaciones más efectivas y atractivas son las frases que están en consonancia con usted, que lo recuerden y le permitirán sentir un cambio en lo que se les ocurre.

Para tener más éxito, puede repetir las siguientes afirmaciones o puede crear las suyas propias.

1.   Merezco ser astuto y exitoso.

2.   Yo solo disfruto.

3.   Ahora tengo mucho éxito.

4.   Estoy feliz, feliz y satisfecho.

5.   El éxito y el logro son logros naturales para mí.

6.   Confío en el éxito y la diversidad con todas mis ideas.

7.   El éxito me resulta muy fácil y sin esfuerzo.

8.   Hoy estoy comprometido con mis metas y mi éxito está asegurado.

9.   Todo lo que hago se convierte en éxito.

10.   Mi éxito es contrastar, o si lo prefieres, buscarlo y responderlo.

11.   Todos mis pensamientos e ideas me llevaron directamente al éxito.

12.   La orgullo y el éxito son mi estado natural de la mente.

13.   Soy el ejemplo de éxito y triunfo.

14.   Estoy comprometido a lograr el éxito.

Todo puede llegar a ser tan exitoso como desee mediante el uso de posturas enérgicas de manera regular y constante. Recuerde que el éxito es un estado de ánimo y, si lo desea, comience a pensar en usted mismo como un éxito.

Un solo paso no hará un camino en la tierra, así que un solo pensamiento no hará un camino en la mente. Para hacer un camino más profundo, caminamos una y otra vez. Para hacer un recorrido mental profundo, debemos pensar más y más en el tipo de pensamientos que deseamos dominar nuestras vidas.

CÓMO REEMPLAZAR LOS PENSAMIENTOS NEGATIVOS POR CREENCIAS POSITIVAS

¿Sabes que el pensamiento no vencerá el miedo, pero sí la acción? Los mensajes sobre nuestras vidas y acciones están en todas partes, en los periódicos,

La televisión y el Internet, en nuestras comunicaciones y actividades, en nuestras películas, arte y música.

Todos los días nos unimos a los mensajes que corren el camino de la vida, afirmando el miedo, creando, y dejamos que nos inutilicen. A menos que podamos elegir claramente en qué nos dejamos entrar, los que más nos gustan son los que más nos gusta la psique.

Temer, ansiedad y enojo no necesitan ayuda para entrar.

Desafortunadamente, los mensajes de feliz creación no necesitan ayuda para entrar en nuestros hermanos. Debido a que vienen completamente empaquetados con un fuerte intercambio emocional, obtienen un tráfico rápido como el La emoción azota nuestro cuerpo y allí se quedan hasta que trabajemos para sacar lo negativo.

Pero no tiene por qué ser así, puede optar por dejar que las ideas más interesantes se instalen en su brecha, lo que lleva a una mayor visibilidad.

Cita 10:

" Su hermano no recuerda hechos, recuerda el significado, Por lo tanto, más significado le da a algo, más se necesita en su memoria ".

Actúa tomando como referencia el poder del amor y la conducta de los pensamientos.

El problema con las mensajes positivas que confirman la vida, como "Todo está bien en mi mundo" es que son tan bonitas. Al menos para ser aprendido del éxito de los pensamientos negativos que se deslizan en sí, el cerebro ama y responde a los mensajes con un fuerte impacto emocional y visual.

Para recordar la situación y encontrar formas de presentar mensajes positivos, llamativos y afirmativos con un fuerte impacto emocional y visual, el Más fuerte el significado que da una mensaje, más se aleja de él.

Aquí está la cosa: su hermano no recuerda los hechos, recuerda el significado, por lo que cuanto más significado le da a algo, más se necesita en su memoria.

Cómo llamar su atención sobre los mensajes positivos

En lugar de mirar la afirmación "Todo está bien en mi mundo" y seguir adelante con su día, deténgase y haga algo con él - Recupere - Háblelo - Vuelva a pensarlo - Solicítelo y siga adelante. Cuando experimente una diferencia entre lo que cree y lo que haga, cambiará sus creencias para adaptarlas a sus acciones. Elija acciones positivas y beneficios positivos seguirán.

¿Qué significado tiene "Todo está bien en mi mundo" para usted?

- ¿Qué puede hacer para llevarlo a su vida?

- ¿Qué se está poniendo en la forma en que usted logra captar este mensaje como verdad para usted ahora?

- ¿Cómo puede usted cambiar de aceptar mensajes de buen grado a aceptar todo lo que está bien en su mundo?

Créate Eye and Heart Candy para el Gran

En lugar de leer las palabras en mensajes positivos, responda activamente a ellos. Convierta los mensajes en pedazos de arte o precursores para enviarlos a otros. Cuanto más color uses para crear mensajes divertidos, el más significado que les das. Y cuanto más los comparte con los demás, más profundos se vuelven los mensajes en su propia psique.

¿Qué beneficios está afirmando a través de sus acciones?

- Cuando salga para esa caminata diaria o viaje en bicicleta, está sano y activo.

- Cuando usted se mantiene involucrado en el servicio a su comunidad, puede confirmar que está identificado.

- Cuando usted está seguro de que otra buena suerte es buena para conseguir o mantener un trabajo, afirma que su propia buena suerte está en su manera.

- Cuando usted participa en mensajes de afirmación de la vida para otros, usted afirma su propio deseo de crear acciones de afirmación de la vida.

SER POSITIVO PUEDE AYUDARLE A CAMBIAR SU VIDA

A veces, la influencia más dañina en su vida es esa voz negativa dentro de su cabeza que le dice que no hay manera de tener éxito, o que no ha tenido los cambios o las nuevas oportunidades en la vida. Everyone tiene doubts, pero for some personas esto voice can take sobre and hold them back from lograr su true potential, and esta may han stemmed de un large volume de entrada negative cuando were un child, o una represiva relationship which eroded su and confidence los mantuvo dormidos.

Todo este pensamiento negativo puede evitar que logres una vida satisfactoria y satisfactoria, pero puedes darle la vuelta a esto usando el poder de la atracción, que te lleva a vivir una vida positiva y positiva. permita que las cosas buenas comiencen a volar hacia usted. Las percepciones de la fuerza de la atracción pueden ser difíciles para los pensamientos negativos para cambiar sus mentes, pero se puede hacer y una vez que se comprende y cómo hace que los beneficios comiencen rápidamente.

¿Cómo pueden las afirmaciones interesantes ayudarlo a tener éxito?

La afirmación positiva es la parte principal de la fuerza de la atracción, y la parte inicial de estas razones es comprender qué es lo que más quieres de tu vida y lo que quieres. Esto debe ser muy específico, por lo que si desea bienestar, salud y felicidad, debe sentarse y pensar qué es exactamente lo que podría ayudarlo a alcanzar sus objetivos. Por lo tanto, para ejemplificar, podría significar que necesita una mejor experiencia de juego y un trabajo más interesante en un determinado campo en el que siempre ha estado interesado, y para lograr esto, es posible que sus habilidades sean necesarias para mejorar. , por lo que debería estar pidiendo ayuda y apoyo a la universidad para que lo ayuden a mejorar con estos servicios.

Las afirmaciones positivas se pueden convertir en emociones diarias que le permiten reconocer su relación con la emoción positiva frente a la energía negativa, y con gran entusiasmo y entusiasmo por todos los sueños de la vida. Puede ayudar a redactar sus afirmaciones y hacerlas más atractivas y atractivas. Así que, por ejemplo, si quieres una carrera como un artista en vista del final esperado, si no estás cumpliendo lo que tienes ahora, entonces necesitas escribir algo como 'Tendré una carrera exitosa en los cursos'. . Simplemente escribir "Voy a tener una carrera como artista" no es muy interesante, y no permite que satisfaga sus necesidades porque no tiene nada o algo real.

Ningún lugar se limita a lo que usted pide, y asegúrese de que se acuerda de aprovechar las oportunidades que la universidad le ofrecerá, y luego usted también puede liberarse de la parte negativa que puede haberle detenido la mayor parte de su vida.

The Law de work Attraction can para nadie, regardless de their la edad, el sexo o circunstancia, from high school drop outs que desesperan of ever achieving the successful careers Ellos had always soñado to high flying ejecutivos who son unfilled and desperate a change to un life Eso es verdadero cumplimiento y felicidad. Esto no es about suerte, sino un verdadero and efectiva method que relies Ðn the premise sólida de la posibilidad, and the Law of Attraction is something you work out for yourself, using su powers own de la creencia and has no relation to your physical skills o capacidades.

Si estás hablando y luchando por hacer los cambios interesantes en tu vida, estás haciendo lo malo. Positive affirmation exercises son very straightforward, and although Ellos require dedication y focus una vez que haya comenzado it deberían all click into place, come easy to you as the recompensas y begin que fluye en. Every positive cambio in su helps vida, so nunca se acaba think ' que was lucky' y tomar it for granted cuando something great happens, and hacer sure you always express agradecimiento for estos cambios, no matter how small Ellos están por assisting others to improve su lives y le ayudará themselves, and esto pave the for more camino Proporcione energía para fluir en su vida en el futuro.

CÓMO CREAR OPORTUNIDADES PARA ENTRENAR SUS HABILIDADES DE LIDERAZGO

Si ha estado leyendo todo el tiempo, se dará cuenta de que este libro se centra en cómo superar el pensamiento y la crucisión. Estoy tan seguro de que ahora puedes aceptar conmigo que el hecho de pensar y procrastinar puede afectarlo en el mundo de los negocios.

Sin embargo, para burlarse de estas cuestiones, entonces también necesita crear buenas relaciones para engañar a sus habilidades principales.

En primer lugar, me gustaría preguntarle cómo puede descubrir las cualidades de su líder. ¿Es capaz de mover a otros y está dispuesto a asumir la plena responsabilidad de su equipo? Si es así, es posible que tenga cualidades de liderazgo solo con el deseo de ser dividido. Dependiendo de su entorno de trabajo, es posible que se encuentre en un lugar donde las posibilidades de ser disgregado sean leves, y no hay nada tan fructífero como en general. Si usted es serio acerca de llevar su carrera a un nuevo nivel, debe mostrar algo de iniciativa y no simplemente actuar en función de las oportunidades, sino crearlas en el momento. Si su pareja recompensa a aquellos que se adelantan y toman la iniciativa, entonces muéstreles lo que puede hacer. Si su compañía no lo hace, entonces muéstreles lo que les falta.

True cualidades de liderazgo are objectives entorno about, whether for your own personal needs o para otros who report a you, leadership is not about feeling down in los vertederos when things G® equivocadas, it's about tienen la inner strength to face un Ðn cabeza desafío y seguir evitando si las cosas van mal. Tener una actitud distendida puede hacer una gran diferencia, pero por lo general, a veces puede ser difícil mantener la seguridad si tomas una mala decisión. Sin embargo, tomar responsabilidad por ello es vital.

¿Es usted un pensador de avanzada, es capaz de pensar en sus pies y adaptarse en un momento sin darse cuenta? Un verdadero líder tiene que ser flexible, y capaz de responder claramente a una situación, cambiando de decisión si es necesario. Pero si desea desarrollar sus cualidades de liderazgo, también debe ser capaz de sostener su terreno y mantener lo que le agrada.

Si está realmente interesado en lograr una promoción excelente o fortalecer sus habilidades, determine sus fortalezas y debilidades. No es necesario que te acerquen a tu director para saber qué tan bueno eres en tu viaje o, esos son los que necesitan un poco de ajuste fino. Si hay alguno Liderar cursar cursos en su compañía, asegurándose de que usted está en un curso; Podría ser invaluable para su carrera, especialmente si supera cualquiera de las tareas en el camino. O bien, considere la posibilidad de participar en un curso de capacitación para líderes usted mismo. Busque un entrenamiento que sea innovador y de pensamiento innovador. Esto realmente se vería muy bien en un CV y mostraría su dedicación al éxito. Si puede mostrar entusiasmo por su trabajo y un compromiso con la compañía, en el momento, sus extremos no serán notados.

La maestría tiene que estar en el desarrollo de prácticas innovadoras y el aprendizaje de nuevas habilidades, pero afirma que estos días están buscando mucho más de lo que se busca en el liderazgo. Están buscando la posibilidad de una aplicación práctica y la posibilidad de interferir con otros. Estar a cargo de un equipo; especialmente aquellos que han tenido grandes habilidades, serán duros y se asegurarán de que usted necesita estar atento, muestre que usted tiene el mejor asombroso.

Estoy tan seguro de que la siguiente pregunta es "¿Cómo puedes desarrollar tus habilidades de liderazgo?" Identificar sus preferencias es muy importante para que se convierta en un buen líder. Sin embargo, hay una diferencia entre ser un líder en el mundo normal y ser un líder en el mundo empresarial. Le daré varias formas de ser un buen líder, tanto en el mundo práctico como en el mundo empresarial.

Cada día nos relacionamos con una variedad de materiales de importancia urgente en nuestras organizaciones. Seldom es líder en desarrollo en lo que es menos urgente. Si bien no es urgente, pocas cosas son de mayor importancia para el futuro de nuestros grandes líderes que el desarrollo consciente y constante de nuestros futuros líderes. Desafortunadamente, cuando ponemos tiempo y esfuerzo en el desarrollo del liderazgo, con demasiada frecuencia estos esfuerzos fallan.

Desarrollar las habilidades del líder es una forma de garantizar un mayor nivel de éxito a medida que avanza en su vida, estas habilidades pueden ser más sorprendentes, sorprendentes y sorprendentes a medida que avanza en su vida. Algunos de los métodos que se han identificado como buenos en el desarrollo y la creación de habilidades de liderazgo incluyen: hablar en público, escribir diariamente y participación en el servicio de la comunidad. Cada uno de estos métodos ofrece una mayor explicación.

A pesar de que puede entender la idea de participar en un grupo de personas, resulta que hablar en público es la actividad más importante en la que puede participar. se muestra en persona, sosteniendo teleseminars o participando en la radio Internet, también cae en esta categoría. La idea es que usted desarrolle habilidades de liderazgo aprendiendo cómo comunicar sus ideas, de manera segura y unívocamente atrayente en su camino.

Escribir todos los días le da la oportunidad de expresar y desarrollar sus pensamientos e ideas. La forma en que esto desarrolla sus habilidades de liderazgo es ayudarlo a explicar las áreas que le interesan, esta escritura puede tomar el formulario de redacción, artículos, revistas y otros artículos. Nunca lo sabrá, lo que comienza a escribir hoy puede convertirse en la base de un libro en el futuro.

La comunidad de convivencia al hablar por las organizaciones de servicio ayuda a muchas personas a desarrollar hábitos y habilidades que hacen que salga el líder en ellos. Grupos como Rotary, una experiencia interna o una organización independiente, tienen lugares interesantes en los que puede participar. El día llegará cuando tengas una idea para un proyecto que puedas llevar a cabo, o alguien más necesitará dar un paso hacia abajo y estarás listo para tomar su lugar. Dar su tiempo libremente para ayudar a los demás es una causa noble, y grandes líderes son algunos de los que se reconocen tan solo como se recuperan para ayudar a los necesitados.

Como puede ver probablemente, los grandes líderes no son necesariamente tomados de esa manera, usted tiene la opción de convertirse en un líder durante su vida. Opportunities are all alrededor us if we simply tomar la time to investigate what es available, by propósito seeking out y oferta to speak to others, writing cada day, y ofrecer su tiempo to ayudarle others in your community and allá, you será capaz de desarrollar habilidades de liderazgo eficaces.

Como un individuo que desea mejorar sus habilidades de liderazgo o cuando está pensando en el desarrollo de liderazgo en una organización, lo que significa que cualquiera de los anteriores también ha sido un complemento valioso. Implicar a la mayoría o todos ellos dará como resultado un liderazgo más confiado, competente y mejor que sus esfuerzos de desarrollo existentes por parte de ellos mismos. Para mejor comprensión, déjeme saber lo que se ha dicho aquí.

Paso 1: crear oportunidades para la diversidad y el deseo.

Aprender cualquier cosa con éxito requiere un alumno motivado e interesado, esto es especialmente cierto para el maestro. Los líderes a menudo los ven como experiencias técnicas. En muchos casos han sido aplastados porque estaban bien en sus actividades previas, que pueden no haber tenido nada que ver con el liderazgo. Los líderes deben comprender cuán influyentes son y saber cómo están haciendo, cuáles son las brechas y tienen el deseo de mejorar. Los programas de 360 Feedback son una forma de resolver las dudas y crear una necesidad de mejora. Mientras Ellos pueden be una herramienta powerful, la purpose underlying por su use is para crear un clear desire for further development, sin embargo habilidades you accomplish esto discovery y desire, it es critical to the of development greater leadership.

Paso 2: establezca una meta / haga un plan.

Los líderes, ya sea por su cuenta o con asistencia, necesitan ver una meta de mejora; necesitan tener una mejor idea de las áreas que les gustaría tener. Con un objetivo establecido, se puede poner un plan en un lugar para avanzar hacia él. Si bien esto sucederá a menudo durante un entrenamiento, este bien debe estar en su lugar antes de asistir a cualquier entrenamiento para emocionar el valor de ese evento.

Paso 3: se centra en las fortalezas.

Con demasiada frecuencia, los líderes construyen un plan basado solo en mejorar las áreas de los logros. Si bien ciertamente queremos mejorar en estas áreas, una cantidad igual de esfuerzo debe concentrarse en mejorar y desarrollar aún más las áreas de mayor fuerza. Si bien hay varias razones para esto, ninguna es más fascinante que el hecho de que se requiere menos esfuerzo para mejorar un área de la fuerza o el talento natural en los niveles de entusiasmo.

Paso 4: Encuentre formas de aprender.

A los líderes se les puede pedir que busquen una gran variedad de respuestas de aprendizaje: es conveniente que miren más allá de los lugares de interés que pueden ofrecer. Hágales tener en cuenta los podcasts, las charlas, las conferencias, los libros, las discusiones con otros líderes, encontrar mentes, trabajar con un entrenador - la lista sigue y sigue. Una vez que comiencen a mirar, verán muchas formas en las que pueden aprender.

Paso 5: Encuentra formas de ubicar.

Aprender las ideas y los conocimientos es una cosa, pero para convertirse en un líder más eficaz, la gente debe tener una gran precisión. Anime a los líderes a que integren lo que han aprendido en la práctica, ayúdelos a ver que hay buenas cualidades para practicar en cualquier lugar, y no solo en el trabajo. La gente dirá que son atractivos, y lo son. Desafiarlos a que consideren su el liderazgo dedicado como una parte integral de su trabajo, entre sus tareas más importantes en lugar de "una cosa más que hacer".

Paso 6: Consiga que el líder se involucre.

Los líderes no pueden hacerlo solos. Tener al líder involucrado ayudará a mantener la revelación como una prioridad importante, pero a partir de eso, el líder del líder puede ayudar a mantener el progreso en el camino. Sobre todo, el líder puede brindar apoyo y aliento, dos cosas que son creativas cuando estamos aprendiendo y practicando nuevas habilidades.

Los sistemas construidos generalmente para respaldar las otras dos sugerencias, podemos hacer las seis etapas sobre como una forma de presentación múltiple. Pero si queremos crear un lugar para el desarrollo del liderazgo en nuestra organización, hemos creado formas de plantear sugerencias para brindar excelentes opciones con las mejores oportunidades.

¿Qué falta?

No tenga en cuenta que las sugerencias al respecto no hablan sobre un taller de trabajo atractivo, parecido o incluso como la clave para sus esfuerzos. Si bien desea que todos los beneficios que brinde sea tan útil y eficaz como sea posible, la capacitación solo puede llevarlo tan lejos, lo cual es la razón por la que le gustaría menos estar tan disgustado. Las siete sugerencias anteriores están pensadas para ser un complemento de sus esfuerzos de capacitación: ser una opción para superar la mayor parte de sus esfuerzos emocionantes.

Tratar solo no producirá los líderes que necesita, es un ingrediente. Las otras siete sugerencias mencionadas anteriormente, cuando se añaden a un programa de formación valioso, crítico y eficaz, identifique a los líderes que usted desea y sus necesidades organizativas.

¿CUÁL ES SU LIDERAZGO?

Si usted es otro líder, o está considerando hacer ese permiso, debe estar dispuesto a brindarle un apoyo del momento oportuno, y con mucho agrado, y por favor. Los contratistas y las partes interesadas que asisten. En mis cuatro décadas de identificar, complacer, desarrollar, atrapar y enfrentar a todos los líderes reales y / o potenciales, nunca me agradará, desagradará, desagradará, desagradará, desagradará. Sin embargo, cuando observamos las correlaciones, no para las organizaciones cívicas, las organizaciones cívicas e incluso las organizaciones gubernamentales, claramente sabemos cómo ha sido el gran acontecimiento de hoy.

¿Cuál es el valor de su líder?

1.   **¿Por qué, dónde, quién, qué y cuándo?** ¿Por qué estás mejor preparado para liderar este grupo específico, en este momento en el tiempo? ¿Qué ofrecerás? ¿Por dónde empezará y adónde espera llevar el grupo? ¿Con quién trabajará, con quién contará y con quién supervisará el servicio? ¿Cuál es su línea de tiempo, cuándo comenzará (y en qué más), y por qué tendrá éxito, y hará una diferencia significativa para mejor?

2.   **Oportunidades, ofertas y opiniones:** ¿Ha desarrollado sus habilidades y conocimientos, bueno, de modo que ya ha obtenido un juicio constante y puede confiar en sus propias opiniones? ¿Cuál es su participación en el proceso de realización? ¿Está usted dispuesto a pensar y considerará las alternativas y las opciones, sin beneficios ni prejuicios? ¿Qué es lo que busca usted, y si ellos no se presentan a sí mismos en un momento oportuno, qué hará usted para crear y desarrollar su propia agencia?

3.   **Respetuoso, racional y fiel:** si sus ideas no son posibles, ¿por qué creería usted que los demás los compraría? El liderazgo valioso proviene de proponer planes y programas relevantes, y de buscar los mejores cursos de

acción. ¿Eres capaz de mantener la compostura y ser racional, incluso cuando los que te rodean parecen estar perdiendo sus perspectivas?

4. **Tiempo:** ¡Líderes valiosos nunca han sido cruzados! ¡No se lo dejan a los demás! Por el contrario, ellos consideran sus planes cuidadosamente, y avanzan, con confianza y juicio, para tomarlo bien considerado, ¡en el momento oportuno!

5. **Salud para la cabeza y el corazón:** si usted decide sus conocimientos y es un insinuante insatisfactorio, ¡no debe ser un líder! ¡Por lo que los líderes son sanos! ¡Uno debe ser capaz y estar dispuesto a equilibrar sus componentes principales y lógicos, en una cabeza y un corazón equilibrados!

MEJORAR SUS HABILIDADES DE LIDERAZGO EN LA VIDA Y LOS NEGOCIOS

Si el destino de su vida está cerca o similar a convertirse en alguien que la palabra Lider sería bastante relevante, entonces usted debe estar muy atento a lo que necesita para enfocarse en más. Si su objetivo es cómo llegar a estar más preparado para seguirle, entonces tiene que cambiar su forma de pensar. Sus caras deben ser en cómo crecer como persona y, en última instancia, convertirse en la única que otros seguirán como resultado de la virtud del atributo. La gente se siente atraída por otros asistentes cuando sienten que son importantes y tienen mucho que ofrecer, que son útiles y de buen corazón, inteligentes y expertos en el campo. Esto puede parecer sencillo, pero en realidad no lo es, es un problema y lleva tiempo.

Cosas para considerar

El primer paso es convertirse en un buen seguidor.

Ninguno de los Verdaderos Líderes se convirtió en uno solo sin ningún tipo de influencia. Para convertirse en un Lider, el tipo de persona que otros estarán dispuestos a seguir, usted tiene que pasar por una escuela, aprender un poco en su campo de atención y empezar a llamar la atención Oceano. Tienes que insertar en tu sistema el significado de la palabra «abundancia». Pienso en ¡Abundancia, a menudo todos los días, siéntete abundante, muy agradecido, esforzado, trabaja tu mente, visualiza, mejora, actúa!

Olvídate de la madurez

Debe aplicar la excelencia en su trabajo todos los días Seguro que no quieres ser un líder de la madurez porque nadie responde a la madurez. Tienes que dar todo lo que estás haciendo, por encima de ti mismo, necesitarás tener los conocimientos prácticos y avanzados y las habilidades que tienes que seguir trabajando y esforzándote. Eso ya suena interesante, ¿no?

Si se olvida de usted mismo y de la ganancia personal que obtiene de su líder, un verdadero Líder está aquí en este mundo para salvarlo. Tendrá éxito cuando le dé a sus seguidores lo que quieren y lo que realmente necesitan. Un líder es una variante que agrega valor a la vida de los seres queridos ya la humanidad. Él está aquí para hacer bien, cambiar y mejorar vidas. Deje que se vaya como el agua debajo del puente, simplemente déjelo ir.

Trabajar en la construcción de relaciones positivas con las personas.

La gente sigue a la gente a la que se sienten encantados, a la gente a la que les gusta y les gusta, se sienten cerca, admiran y se llevan bien. La influencia es una de las claves para desencadenar sus ilimitadas posibilidades de liderazgo, no desprecie su energía influyente.

Ponga su estado de ánimo sentimental y sus esfuerzos en la disciplina para ganar los malos días.

Como líder, se enfrentará a muchas dificultades y muchos desafíos a su manera. La idea de dar un poco de interés en enfocarse más y luchar para superar las dificultades puede hacer que su pareja también lo conozca. Recuerde; ¡Este es el momento crucial de su carrera en el que obtendrá el derecho a la lectura! porque eso es lo que hacen los líderes después de todo. 'Cuando vase pone en marcha, el se pone en marcha. Las personas exitosas hacen lo que los fracasos no hacen. ¡Se mantienen y pelean, encuentran soluciones que crean nuevas oportunidades! Mantente firme como una roca.

Comparta sus dones, poderes y aspectos de éxito con otros

Como mencioné anteriormente, un verdadero líder es un asistente fiel. ¡Usted ha llegado a esta vida para ayudar a otros a vivir mejor y a tener vidas más hermosas y superar sus limitaciones, a menos que ellos, a menos que sus escondites sean adorables y alcancen su verdadero potencial! Ese es su placer y el mayor valor de usted que lo está convirtiendo en un líder, no se sentirá frustrado incluso después de que deje de leer.

El liderazgo es como una respuesta, es un reconocimiento, no una ley natural o una decisión.

Entonces, ¿qué se necesita para aprender el título de un líder? ¿Es experiencia? ¿Educación? ¿Pasión? Sí, todo lo anterior y más, agregue también el coraje y el carácter; Se requiere la mentalidad adecuada que hará que los demás se sientan sorprendidos por usted. Será una especie de naturaleza para ellos, no tendrán otra opción pero seguirte como serás un hombre o una mujer de admiración, un modelo a seguir.

¡CONVIERTE EN LA MEJOR VERSIÓN POSIBLE DE USTED!

¿Quieres mejorar tu vida y generar cambios interesantes? ¿Crees que necesitas algo de valor para seguir tus habilidades y convertirte en la persona con la que solo habías soñado hasta ahora?

Hay muchas opciones disponibles, para que usted se convierta en la mejor versión posible de su propia identidad, acepte que la suya es única en este planeta. nadie más tiene su mente única, si es experta, cautivadora, divertida y exactamente la misma que usted. Este relato te muestra como una parte de la persona promedio y te permite verque puede llegar a ser el mejor, en su propia manera. Quiero que te mires a ti mismo y veas tus puntos fuertes, habilidades, experiencia y potencial ilimitado, como también en el futuro para comenzar y seguir adelante con tus deseos.

Empiece a creer en todas las posibilidades que tiene a su disposición y deje de sentirse atrapado en la zona de defensa que se ha impuesto a sí mismo. Poco a poco estírese y comience a desempeñarse en su propia manera poco agradable y especial, utilizando sus fortalezas, habilidades y experiencias para ser poco agradables. Despierta tu creencia en ti mismo y comienza a buscar y descubrir todas las cosas que te rodean ahora mismo. Esto shift away de doubt y negativa constant self-talk, hacia la creencia and positive affirmation, abre your mind a possibility y se reveal oportunidades numerous that Tienes been right allí todo along, pero have been invisible a causa de su falta of creencia and restrictive attitude.

Aprenda a ver todo lo que es capaz de cambiar y deje de limitarse a sí mismo debido a su preferencia por sus habilidades. We are capable of achieving outcomes tan lejos exceed even our propia dreams más salvaje, pero we restrict ourselves to un very limited anillo of possibility, because we impose restrictions debido to lack de belief.

CREANDO LA MEJOR VIDA POSIBLE

La vida es positiva y consistentemente creciendo en la mejor y más verdadera versión de nuestras vidas. Es para crear una versión de ti que sea significativa, llena de atención y una sensación de plenitud.

Las buenas nuevas es que si no tienes todavía la vida que deseas y quieres, puedes crearla.

VISIONAR

Lo primero que tienes que hacer es ver cómo se ve tu vida ideal, cómo se ve, suena e incluso se parece.

Fácil, aunque podría decirse. Quieres lo mejor de lo mejor. Quieres lo que los ricos y famosos tienen. Lo quieres todo. Pero, ¿qué es lo que realmente crees que es lo mejor de lo mejor? ¿Qué quieres que tengan los ricos y famosos? ¿Y qué es lo que realmente significa tenerlo todo?

Para algunos de nosotros que probablemente se verá y se sentirá diferente.

Una de las primeras cosas que debe preguntarse a sí mismo es esta: es lo que creo que quiero, lo que realmente quiero. ¡Por supuesto que lo es !, podrías decir. ¿Pero lo es? ¿O ha resuelto fácilmente de otras y las normas de nuestra cultura lo que se ve y se siente como el éxito?

Si no lo haces con honestidad y con mucho cuidado, examina lo que realmente sería una vida ideal, entonces toda la creación en el mundo no hará todo el valor o la grandeza que ha creado realmente. Eso es si alguno de nosotros es incluso exitoso en crear esa imagen real de la vida en el primer lugar.

¿Qué quiero decir con eso? Simplemente esto, si no cree realmente en la imagen de una vida feliz creada a partir de otra que su propia visión única y auténtica, entonces no va a lograrlo de ninguna manera. Esto es un doble motivo. Not only D® you not honour your propia y única sense of success and you accomplishment pero probably will not incluso achieve the false one because you no believe in it strongly enough to it hacer un success. Todo lo cual puede dejarnos un sentimiento de soledad, desaliento y sentido de ser menos que.

POR QUÉ

Entonces, la primera regla del pulgar es que usted necesita tener un gran PORQUÉ para querer crear la vida que desea.

Si su POR QUÉ es grande, brillante y lleno de emoción, entonces lo debe a usted mismo y el mundo irá por él.

Si ese POR QUÉ te hace saltar de la cama en la mañana con una pequeña en tu cara y otra en tu corazón, entonces sabes que lo tienes. Si el esfuerzo se vuelve fácil, entonces sabrá que está en el camino correcto. Si tienes la certeza de que estas son las cosas que tenías que hacer, entonces no estás creando una vida con un propósito, alegría y grandes recompensas.

ATENCIÓN

Una vez que tenga un gran PORQUÉ para su opinión de lo que constituye una vida agradable para usted, es importante seguir pensando e incrustando lo bueno o lo que ve en todo lo que hace.

Incluso cuando se le diga, y se le pedirá que se esfuerce por crear su vida deseada si necesita hacerse esta pregunta; "¿Me tomará el tiempo y la energía para hacer 'X' ayudarme a crear la vida que quiero o desviarse de ella?"

Si la respuesta es suya, con el propósito de crear la vida que desea, entonces vaya por ella. Si, por otro lado, la respuesta es no, sería bueno que lo hiciera todo para centrarse en lo que se desea, no importa lo tentadora que pueda ser la distracción. Usted necesita enfocarse en los pensamientos, las emociones y las actividades que lo llevarán a donde realmente desea ir.

Eso no siempre es fácil. Usted tendrá otros que no comparten el mismo punto de vista de que tal vez le digan que está rechazando lo que está sucediendo. Como desee, de vez en cuando, permita que fiera asumir su nerviosismo y tragarlo con pensamientos de deleite y de placer y de duda.

Es una opción si te quedas con esas ideas y emociones o si te sientes atrás en el lugar de tu agrado y te diriges hacia donde quieres saber.

Teniendo en cuenta los resultados deseados una y otra vez, es casi siempre esencial para su apoyo, es necesario que vea, en realidad, lo que más le guste, e incluso algo más de lo que es la vida.

Independientemente de lo que se trabaje en la inspección de su vida o sus gustos deseados, necesita una aplicación constante.

TUS EXPERIENCIAS SON UNA FUENTE DE APRENDIZAJE

Puede haber cambios en el camino. Sin embargo, no puedes dejar que estas decepciones te definan, es lo que haces y cómo te relacionas con los asistentes que estarán seguros cuando y si estás feliz.

Si ve todo como una gran oportunidad con el enfoque de honrar su capacidad de llegar a donde quiere ir, entonces esas desilusiones tan excéntricas le permitirán convertirse en una gran sorpresa.

Hay will también be moments of success y todo of us would ser así advised to celebrate those before moviéndose rápidamente hacia the próxima thing Ðn our agenda, a menudo nos forget la importancia de celebrating our successes, no matter how small, al llevar a nosotros towards our objetivos .

CREENCIA

Cualquier cosa que crea que puede o no puede lograr será su realidad. Debe creer que puede y creará la vida o las metas que son correctas y verdaderas para usted. Si eso no es lo tuyo, entonces no puedes dejar que nadie más se sienta feliz en ti. ¿Por qué lo harían?

Si no está participando en su capacidad para crear la vida o las metas que desea, entonces quién más puede crearlas para usted. La respuesta no es única. Usted está mejor dispuesto a crear su vida y necesita creer eso.

> *Cita 11:*
>
> *" La creencia alimenta las acciones ".*

Si alguna vez se le pide que se pregunte por qué yo, ¡debe tener en cuenta eso con el por qué no soy yo!

When que are certain that se puede hacer algo que take action positiva a hacer que sea happen, cuando you hacer not create una fuerte belief en yourself y your aspirations, las metas y la you want vida entonces you will no take positivo and consistent action a attain la la vida o las metas que usted desea. Es tan sencillo como eso. A pesar de que completa la acción.

RESULTADOS O HISTORIAS 'SI ES SOLO' - ES UNA ELECCIÓN

Si no se esfuerza por obtener los resultados que desea, entonces todo lo que tendrá que mostrar para su vida es 'si solo' hay historias.

Crear una vida que sea realmente significativa y satisfactoria a sus ojos no siempre es fácil. Sin embargo, es casi increíble y doble si usted sabe lo que se ve esa vida significativa, lo que se ve y lo que suena y luego se sale y se expresa de manera asombrosa.

ENCONTRAR A OTROS CUYOS OBJETIVOS Y CREENCIAS SE ALINEAN CON LOS SUYOS

Uno de los factores principales, que pueden limitar su potencial y alejarlo de la realización de sus sueños, son las opiniones de otras personas. Lo seguro para tener éxito y convertirse en todo lo que puede ser es vivir independientemente de la buena opinión de otros. No hay nadie más en absoluto. y en muchos casos las opiniones, que se están subrayando, provienen de un lugar de inseguridad en la parte de la persona que está exprimiendo la opinión. Quieren expresar sus propias investigaciones y el gusto de la identidad, de modo que puedan obstaculizarlo a usted y a sus intereses.

¿Puede recordar un momento de su vida en el que compartió un baile con alguien más y ellos trataron de convencerlo y de decirle sobre todo lo que preguntaba y no se lo preguntaban por qué? A ellos se les ocurrieron varias razones por las que te fallarías, qué tan simpático era tu equipo y luego se opusieron a completar tu atención con su título. La manera de tener éxito es explorar, examinar y obtener agrado de su convivencia antes de entrar en cualquier nueva experiencia. La habilidad es saber cuando la información que obtenga es de valor y lo observará y cuando sea solo negativo, no quiera información negativa de quien no le diga nada negativo.

La forma más fácil de superar la influencia negativa de otro personaje es evitar pasar tiempo sin estar enganchado, o no, y en su lugar encontrar a alguien positivo en el otro lado. Cuando te rodeas con alguien que está en un viaje similar al tuyo o que ha tenido éxito con ellos. Ofrecerán apoyo y orientación, lo que reforzará sus esfuerzos y le ayudará a tener éxito. En lugar de llenar su cabeza con negatividad y todas las razones por las que fallará.

La persona que elija pasar el tiempo tendrá un gran efecto en la forma en que su vida se desvanezca. Por lo tanto, elija a estas personas con mucha sabiduría. A medida que te preparas para ganar y convertirte en la mejor parte posible de ti mismo, la parte más grande de esa diferencia, está cerca de ti con las personas que lo ayudarán. La persona ideal para estar seguro de usted mismo en este día son personas que han tenido éxito o que están en una vida similar a la suya y se dan cuenta de todo su potencial. Estos son personas que están dispuestas a pararse en el plato y asumir riesgos y que son capaces de lograr cosas que nadie cree que sea posible.

Estas personas no se sienten amenazadas por sus éxitos y, por lo tanto, cuando comparta sus gozos y sus placeres con ellos, lo apoyarán y alentarán. Estarán dispuestos a compartir su propia experiencia con usted y después de su orientación y apoyo, compartiendo sus propios errores y ayudándole a superar los mismos problemas que usted mismo. Cómo resultará su vida en el futuro dependerá de los libros que haya leído, las acciones que tome y la persona con la que se encuentre. Así que puedes leer libros, que te ayudarán a crecer continuamente, toma una decisión asombrada todos los días y déjate guiar por ti mismo con un personaje que te ayudará a lograr el éxito.

Usted está enterado de la variedad de las cinco personas con las que se rodea, por lo tanto, elija estas cinco personas con mucha claridad y creará las bases para un logro ilimitado.

OLVIDANDO SU MIEDO AL RECHAZO

¿Le gusta ser rechazado por otra persona? Por supuesto que no, nadie lo hace. Todo el mundo es rechazado en el momento oportuno, pero cada persona reacciona a su manera.

Algunas personas obtienen fácilmente el rechazo. Parecen encogerse de hombros y decir "Oh, bueno, demasiado mal". Y luego rápidamente avanzan con sus vidas. Las personas que están seguras de sí mismas no se revuelcan en la diversión o se separan después de una retirada. Ellos no se preguntan a sí mismos, "¿Qué me pasa? ¿Por qué no le agrado a nadie?"

Sin embargo, otras personas, se retienen muy poco, cada vez que alguien las retiene, estas personas quedan devastadas por un tiempo muy largo desde que tienden a pasar por alto.

CREAR MOVIMIENTO Y DAR EL PRIMER PASO DESDE LA ESTANQUIDAD COMPLETA

Hacer algo nuevo requiere que comencemos. Podríamos tener un buen trato de aprendizaje en bolsa o puede que no tengamos ninguno. Me encantan los libros y me encanta el aprendizaje, pero ambos son poco útiles hasta que nos sumergimos y hacemos algo. Para llegar a un lugar diferente, probablemente, mentalmente, de forma especial, o de cualquier otra forma, tenemos que empezar. Tenemos que dar el primer paso.

Podemos llegar a donde queremos estar solo al comenzar. La razón por la que estoy escribiendo sobre esto es porque muy pocos comienzan, y porque el comienzo es a veces tan fuerte. La mayoría de la gente deja de aprender información útil en sus últimos diez o veinte años. Ellos se sientan en la vida y se quedan allí. La mayoría de la gente diría que no se han sorprendido, pero siguen haciendo el mismo trabajo de la misma manera, siguen en contacto con su cónyuge y pasan el día en el otro. Se juntan con los mismos amigos y conocidos. Siguen gastando su dinero en cosas que hacen que su vida sea peor o, en el mejor de los casos, lo dejan igual. Digo que eso no está bien, y animo a todos, a mí, sin pensarlo, a alejarse de donde estamos y comenzar a llegar a un lugar mejor.

Aprender y progresar son siempre oportunidades. Queremos aprender a hacer algo o mejorar en ello, ya sea que sea solo, podríamos pensar, comentar, escoger, correr un negocio, hacer nuestras bromas, tocar cualquier otra cosa, divertirnos, tocar cualquier otra cosa. tengo que empezar. Tenemos que tener el coraje de hacer lo que parece ser el primer paso, y después hemos tomado la primera etapa, y probablemente nos estrellamos y quemamos, sabemos más de eso antes de emprender el camino. Nos adaptamos a nuestras ideas y a nuestros padres y damos otro paso. Podríamos haber aprendido que nuestro primer paso fue claramente en la decisión incorrecta. Después de varios pasos, aprendemos cómo ir en la dirección correcta y no chocar y quemar. Después de varios pasos más, aprendemos cómo lograr lo que estamos tratando de hacer. Después de muchos pasos más, nos ponemos bien en él. Muchos pasos antes de eso, podemos decírselo a otros y pensar en cómo llegar incluso a mejorar en eso. Desde el primer paso, hemos llegado a los últimos.

A menudo, podemos recortar la experiencia completa al asociarnos con personas exitosas tanto como sea posible. Las personas exitosas pueden ayudarnos a omitir las etapas del fracaso o de tratar de averiguar qué hacer.

We can be certainly personas en todo some successful in person, and can we also enjoy la teachings of personas successful by reading su books, or hearing speeches Ellos have made, or por reading their blogs y newsletters, or escuchando to their recorded music. Todo lo que uno necesita para llegar a donde quiere está disponible para ellos; toda la ayuda que necesitamos es nuestra. Pero tenemos que dar el primer paso. Tenemos que investigar y aprender y tenemos que intentar lo que pensamos que funcionará. Tenemos que entrar y empezar porque esa es la única parte que no puede ser cortada. Si no tomamos el primer paso, nadie puede ayudarnos. Si hemos parado de aprender y detenido y detenido y detenido la conducción, no llegaremos a ninguna parte.

Por lo tanto, saque un libro, asista a un seminario o clases, escuche un programa educativo, en una organización de personas que sean mejores y más conocidas de lo que quieran. Vaya donde la gente adinerada, sobresaliente, educada, capaz va y simplemente esté alrededor de ellos. Deje de desperdiciar el tiempo con la vista de los usuarios, con el predominio de ir a ninguna parte, con la preocupación por la moda y la apariencia. Salga de su zona de confort y obtenga la oportunidad de dar el primer paso. No se centre en el resultado final y lo difícil que parece llegar allí. Basta con dar el primer paso. Comience en el viaje agradable de llegar a algo mejor.

CONSEJOS PARA SUPERAR EL MIEDO DE DAR EL PRIMER PASO

¿Por qué es la certeza el lugar más correcto en la tierra? Porque está lleno de ideas que se buscaron en el lugar de la mente enterrado allí. En los cementerios tu Puede encontrar algunas ideas de ideas que no se han probado, libros que nunca se escribieron y trucos que se habían hecho pero que nunca se habían realizado.

Todas estas grandes ideas y planes terminaron al final porque la persona que las tenía compartía el mismo síntoma: ese es el concepto de nunca tomar acción.

Para la mayoría de las personas, la parte más difícil de una idea es tomar las primeras etapas para darle vida a la idea. ¿Qué les detiene? La vieja fiesta de espera. El miedo es paralizante y puede considerar a una persona en peligro y detenerlo. También es la razón por la que la ceguera es tan rica.

Hay quien suele decir en cualquier tipo de negocio de ventas que puede seguir asistiendo a entrenamientos y simulacros y practicando su arte, pero nunca se convertirá en alguien realmente bueno.

Hay un miedo que te embarga cuando miras a la cara o piensas en acercarte a una sorpresa, es mejor estar muy bien preparado para cuando hagas eso, ¿verdad?

Muchos de los asistentes personales que se perciben todavía se sienten afligidos por algún nivel de miedo antes de que se vayan antes de la crianza. En el lugar, hay una persona en la parte de atrás lista para empujar al actor o actriz en el escenario en caso de que la esposa se congele por el miedo a la escena.

Un escritor puede hablarle de la misma clase de miedo cuando se enfrenta con una página en blanco, que la gran extensión blanca de la parte o la gran parte de la computadora en blanco es mejor que la historia de la trama, que es mejor que la trama. Es importante tener todos los detalles destrozados, ¿verdad?

¿CUÁL ES EL MIEDO AL PRIMER PASO?

Al estar de pie antes de una audiencia, es obvio que estaría atemorizado de cambiar sus líneas. Sin embargo, hay otro motivo para publicar artistas intérpretes o ejecutantes. Cuando usted se detiene y antes de lograr la vida real, obtiene una buena respuesta acerca de cómo la audiencia está evaluando sus palabras. ¿Qué pasa si ellos tienen lo que tienes que decir?

Por otra parte, el placer de hacer una llamada o golpear a una puerta es escuchar la réplica de un 'no' de alguien. Es una fiesta común, incluso fuera de las ventas; a nadie le gusta ser jubilado. A veces se va, a veces no. Muchos vendedores se sienten sorprendidos por este temor y se encuentran con el dominio seguro de "aprender cómo hacer las cosas" y asisten a estas capacitaciones. Estoy seguro de que puede adivinar el nivel de éxito de un vendedor que siempre está preparando pero nunca haciendo nada.

Lo mismo es cierto para un escritor enfrentado con el motivo de publicar las primeras palabras de su gran novela o poema, o dicho en una sola pieza. ¿Qué pasa si escriben las primeras palabras de su nuevo y esas palabras son horribles? "¿Eso significa que soy un amante?" el escritor puede pensar, "Estoy seguro de que Hemingway se equivocó perfectamente desde el primer intento".

TU PODER SOBRE EL MIEDO AL PRIMER PASO

En cualquier postulación o realización, su mejor esfuerzo por el motivo de que le impida dar el primer paso es actuar. Esa es la clave del éxito. El viaje puede ser fácil, puede ser difícil, pero actuar de acuerdo con su idea es la única manera de encontrarlo. Para cualquiera que teme las 'partes duras', bueno, la persona más feliz le dirá que los tiempos difíciles son cuando aprendieron sus menos valiosas cosas para lograr el éxito. En su lugar, espere esos tiempos para conocer todo lo que pueda aprender.

Un escritor puede decirle de la misma clase de miedo cuando se enfrentan con una parte en blanco. Eso es genial, ya que el tamaño del papel o la gran pantalla de color en blanco los mira fijamente. Es mejor seguir pensando en la trama antes de empezar a escribir. Es importante haber salido todos los detalles, ¿verdad?

TU PODER SOBRE EL MIEDO AL PRIMER PASO

En cualquier postulación o comprensión de lo que más se agradece a usted más, el motivo de que deje de tomar la primera etapa es tomar la decisión, eso es lo que tiene éxito. El paseo puede ser agradable, puede ser difícil, pero seguir su idea es la única forma de salir. Para cualquiera que tenga las 'partes difíciles', bueno, las personas más exitosas le dirán que los tiempos difíciles son cuando aprendieron que sus mayores ventajas para el éxito. Busque todo lo que pueda aprender.

Los vendedores y los vendedores profesionales tienen algunos trucos para lidiar con el miedo. Éstos varían entre las técnicas y los trucos mentales que puede utilizar cuando necesite dar el primer paso en el escenario o marcar el número de los primeros puntos. Por lo que respecta a sus líneas, ahí es donde entra la posición. Si practica lo suficiente (¡sí, tiene un papel importante!), Entonces mire usted mismo.

Cualquiera que tenga una idea de negocio pero no esté seguro de si funcionará, es importante hacer su experiencia y aprender tanto como sea posible antes de comenzar. Sin embargo, es posible que el mercado aún no acepte su idea y fracasará. ¿Debería dejar de intentarlo? No. No sabrá cómo se reaccionará el mercado hasta que salga de allí.

PASOS HACIA NUESTRA FELICIDAD PERSONAL Y TRANQUILIDAD

La reverencia seguramente no es un "lugar feliz" en el que estar y es un estado de la mente acompañado por un constante estado de ánimo "bajo" y aversión a las actividades. La depresión normalmente impacta de manera incontrolable en nuestros pensamientos, comportamientos, la felicidad, las emociones y, en general, nuestro bienestar físico. Se incluyen sentimientos de tristeza, ansiedad, emoción, alegría, dolor, culpa, inquietud o resignación, antagonismo o emociones como el antagonismo o la alegría. Entonces, ¿cómo es posible que cualquier persona en su mente o en su mente derecha pueda atreverse a pensar que la diferencia podría ser el comienzo de las mentes de atención personal?

Considero especialmente como la "luz de advertencia de vida baja", similar a la luz de advertencia "casi completa" en la distancia total de un automóvil. Una vez que se enciende la "luz de advertencia de combustible bajo", normalmente no ignoramos la señal, en lugar de eso, podemos ajustar nuestro día a día o nuestra rutina y empezar a buscar el asombro con gran detalle. Porque, en su mayoría, las observaciones y las experiencias nos ha enseñado, que cuando ignoramos esta luz de advertencia, pronto nos quedaremos sin gasolina y correremos el riesgo de llegar a lo que realmente se nos escapa. Preferiríamos desviarnos de nuestra ruta actual por un tiempo y "solucionar el problema" llenándonos a su debido tiempo.

Otro punto de vista con respecto a la depresión, es que la experiencia de la depresión es realmente similar a experimentar dolor físico. Por ejemplo, cuando estamos corriendo, y chocamos contra una roca, experimentamos una repentina y afilada racha. Normalmente bajamos lentamente, dejamos de correr e investigamos qué está mal. Al inspeccionar nuestro dedo gordo del pie, tal vez, descubrimos que está roto. A continuación, podríamos tomar las acciones correctas necesarias y corregir nuestro tiempo de ejecución en consecuencia para avanzar más allá de nuestra curación completa. Una decisión insospechada sería tragar algunos de los parientes y continuar con nuestro ritmo de correr, junto con nuestro corazón roto; entonces estamos seguros de causar algún daño grave que podría tener consecuencias de gran alcance en el futuro. Siguiendo la última ruta, puede ser tan destructivo como subir por la calle para hacer desaparecer el siniestro naufragio en la línea de la cara. Hay un ligero cambio en que el golpe "desaparecerá" cuando se ignore, pero es mucho lo más probable es que destruyamos completamente el motor de la cara, si no lo hacemos en el tiempo.

Also, que is un known fact that medical sciences and psychiatry, en gran parte blame depression Ðn una sustancia química imbalance in the brain, however, la mayor parte of us - to un greater or menor extent - saber que thoughts crea chemical changes in our cerebro, que are adecuadamente Confirmado por muchos de los estudios de necesidad realizados en los últimos años. Este presente somos nosotros con una perspectiva diferente y que vemos con detalle.

¿Qué fue primero, el chico o el chico? ¿Experimentamos un pensamiento ambiguo como resultado de una ambientación química en el interior o hace un ambiente físico en nuestro propio patrón natural? Tiendo a favorecer el último como una explicación más razonable y la comprensión de por qué estamos experimentando la depresión en el primer lugar. Por lo tanto, y para recordar, debemos haber tenido una idea aproximada en primer lugar, antes de que pudiera reflejarse una semejanza química en el extranjero.

Y mi intención es - especialmente es nuestra "luz de advertencia" que indica que estamos corriendo peligrosamente por debajo de la "vida" (es decir, la asistencia que acompaña) y este indicador que nos acompaña) y este "buen" indicador que acompaña. para mostrar nuestro lugar privilegiado en la vida y, a fondo, exponer nuestro actual pensamiento, creencias y puntos de vista sobre la vida. Subir la "razón de la medicación" simplemente "sacará" la "parte" por el momento, pero a menos que la causa de la perspectiva más profunda (nuestras ideas) no se desvanezca o se desvanezca en la perspectiva. una grave calamidad en la vida.

Una palabra perfecta. Recolectar todos los medicamentos antidepresivos y, de repente, tirarlos a la menor cantidad de veces que sea necesario, no sería una decisión muy acertada para hacerlos. Manténgase en la mente de que la diferenciación es un estado mental omnipresente. Un pensamiento ambicioso crea un

La semejanza química en nuestro cerebro, lo que a su vez intensifica el pensamiento desequilibrado, lo que profundiza aún más la semejanza emocional en nuestro cerebro y, por lo tanto, la calma. Para eliminar repentinamente los antidepresivos de la ecuación, no revertiría el brillo ni las alegrías en nuestras vidas y, de hecho, podría empeorar nuestra atención anterior.

Un much more sensible strategy sería to use la offered "support" por antidepressants (much como plaster en cintura a un leg broken) Mientras que simultaneously hacer un serio and genuine effort to adjust pensamientos our to un more equilibrado and contextually sound punto de view. Luego, a medida que nuestra mente se recupera gradualmente, necesitaremos menos y menos "apoyo" de los antidepresivos.

La felicidad y el lugar de la mente está dentro de todos nosotros, es nuestro estado natural de ser.

Cada uno de nosotros, más pronto o más tarde, se desilusionará con nuestra percepción errónea de la felicidad. Cuando pensamos que vamos a encontrar la felicidad de nuestras vidas, que alguien o algún evento milagroso nos hará felices, estamos decepcionantes y decepcionantes más decepcionantes. Podemos mirar a nuestro alrededor y darnos cuenta de que los demás parecen estar felices, con un coche más grande y elegante, una casa elegante, una posición tal como se ve, bonita, hermosa, rugosa. Estas personas pueden estar motivadas por su último intento de cambiar su miserable suerte en la vida. Sin embargo, es simplemente una felicidad típica y relativa; Realmente, debido a que depende de la reorganización de otras circunstancias, algo que tenemos muy poco control entre sí, todos los detalles circunstanciales, siempre conduce a decepciones. Tampoco podríamos saber qué es lo real y lo último que es feliz, Si no lo hubiéramos tenido todavía en cuenta de nosotros mismos. La revelación es simplemente un recuerdo, acompañado por sentimientos de pérdida y alegrías, que cobra existencia cuando nuestra comprensión generalizada de las alegrías no es tan grande.

El hecho de que muchos de los médicos, los psicólogos y los psicólogos consideren que este paso natural del desarrollo personal es una "enfermedad" de nuestro tiempo, es un peligro para la vista, lo cual es una gran causa excelente. Any persona (with un little bit of sense común, que might add) se inform que that medication es not una permanente cure and en fact could make empeorar las cosas, especialmente cuando continued for un long period of time or siendo administered at an early edad, también it is fácilmente admitted por algunos "experts", that que D® not verdaderamente understand the and cause de depression simply attempt to the make "sufferer" feel better, by doping ellos hasta su eyeballs con un variety of legalized drugs.

La experiencia ha señalado que la depresión es en realidad una de las mayores razones por las que los seres humanos se sienten cómodos, sin importar lo grave que pueda parecer y lo que pueda ser. De hecho, cuanto más severa es la experiencia de la depresión, lo peor es ayudar a la "víctima". Cuando un pariente está al borde de la desaparición total y están deseosos de dar la vida con tranquilidad, también están bien parecidos para dejar que la felicidad se diviertan y se diviertan. La forma en que pudimos tratar con eficacia, la verdad y la "sorpresa", es llevar nuestras percepciones a las VERDADES, las verdades sobre nosotros mismos, nuestro presente. circunstancias y el contexto en el que actuamos como seres humanos únicos.

Seguramente podríamos utilizar el apoyo ofrecido por los antidepresivos para ayudar a "sanar" nuestras "ideas rotas", tan solo como necesitamos un asistente para ayudarnos a ayudar a los que nos abandonan, pero cuando nos alejamos, nos olvidamos. La habilidad natural de nuestra pierna para mantener efectivamente nuestro "peso" corporal durante la caminata diaria. Los antidepresivos en el mismo sentido nos permiten perder el control de nuestros pensamientos y somos incapaces de lidiar con todas las presiones diarias, las emociones y los cambios en nuestra soledad y soledad.

¡La cura es realmente sencilla!

Comience daily a exercise and stimulate your mind with uplifting pensamientos and percepciones different, al igual que you would exercise un weak leg a regain its muscle strength and stamina once again, when tales an "programa de ejercicios" is also felicitó with una dieta balanced saludable y Al fin y al cabo, una buena noche te sorprenderá de los resultados y de las personas hechas para restaurar la felicidad y la paz mental.

CONCLUSIÓN

El pensar en exceso puede ser una tensión mental progresiva y debilitante que impide la toma de decisiones acertadas y perjudica su juicio. Tener un mayor sentido de lo bueno no solo ejercitará tu mente para pensar en pensamientos más positivos, sino que también te permitirá salir de la persona que te has impuesto por ti mismo, que te ha mantenido en su lugar, negando el éxito en el amor.

Siempre hay una solidez para cada problema que se presenta, depende de cómo maneja cada pieza de información cuando vienen solos. Sepa cuáles necesita mantener y cuáles necesita colocar en el trásh bin. Entonces la vida puede ser una pieza de la máscara.

Mediante el uso de la visualización y las afirmaciones, manifestamos nuestro éxito en la realidad. La cantidad de dinero que sufrimos y la libertad con la que practicamos dictará cuánto tiempo antes de que tengamos éxito se verificará.

Al tener muy realidades reales de nuestras visualizaciones asombrosas, ya que estamos creando realidades reales, estas visualizaciones reales son aceptadas por nuestro subconsciente como visualizaciones. Por lo tanto, si nos relajamos en la cama y vemos que tenemos una ronda de gol, se imprimirá en nuestra subconsciencia tan solo como si hubiera sucedido. Esta experiencia satisfactoria se almacenará en nuestras subconsejos y cuanto más tengamos estas opiniones, será mejor que empecemos a jugar al golf. Nuestras dudas habituales sobre nuestra destreza en el éxito se resolverán con esta absoluta confianza que proviene de nuestra mente más profunda.

En el sentido más íntimo de ponerse nervioso y de pensar demasiado, desarrollar el liderazgo es una manera efectiva de mejorar la habilidad de una persona. Una pareja puede llegar a un acuerdo para que su pareja se someta a una experiencia de liderazgo en el tratamiento de un grupo o un indivíduo puede hacerse pasar por sí mismo y pasar por alto. Calidad leadership is un combination of the right qualities y la training right, investing in leadership programa development le ayudará build your fundamentals leadership del equipo, que will ensure que are more than propensos to Tienes un bright career camino por delante of you.

Un buen programa de coaching en el que obtenga una certidumbre de liderazgo en línea le ayudará a prepararse para afrontar cualquier situación desafiante de una manera tranquila y tranquila, reforzando su decisión de hacer poder y personalidad más grande. Se sentirá más confiado para abordar con precisión, dificultades y complejidades. Entrenadores de liderazgo influyentes de todo el mundo comparten su experiencia práctica con usted que les ayudará a comprender mejor las cosas y las cosas más divertidas del mundo.

Algunas partes de los cursos únicos de liderazgo seguro que comprenden conocimientos específicos que pueden hacer un gran uso de su entorno de trabajo. El programa de formación de liderazgo en su totalidad se da en forma individual y se diseña de una manera que de manera individual se vuelve idónea para el liderazgo común y los desafíos de gestión.

CPSIA information can be obtained
at www.ICGtesting.com
Printed in the USA
LVHW010351230221
679616LV00009B/294